小学校
問題解決的な
学習で創る
道徳授業

パーフェクトガイド

編著 柳沼良太・山田　誠
岐阜大学大学院　　筑波大学附属小学校教諭
教育学研究科准教授

明治図書

はじめに

　道徳科が2018年から小学校でいよいよ完全実施となる中で，子どもが考え議論する問題解決的な学習で創る道徳授業が本格的に導入されることになる。

　前著の『問題解決的な学習で創る道徳授業　超入門―「読む道徳」から「考え，議論する道徳」へ―』（明治図書）では，これまで問題解決型の道徳授業として構築された基礎理論をもとに，具体的な授業実践もいくつか紹介して解説した。新しい道徳科の授業を開発・実践しようとする機運が高まる中で，前著は全国の教育関係者から大きな反響があった。そこでは「道徳科における問題解決的な学習のやり方がよく分かった」という好意的なご意見が多い中で，「もっと問題解決的な道徳授業の指導案を具体的に示してほしい」「すべての内容項目に対応した指導案の実際を知りたい」という要望も少なからず寄せられた。

　たしかに文部科学省の告示した教科用図書検定基準においては，道徳科の教科書の内容全体を通じて「問題解決的な学習や道徳的行為に関する体験的な学習について適切な配慮がされていること」と規定されている。そこでは，ある特定の学年（例えば，小学校高学年）や特定の内容項目（例えば「B　主として人との関わりに関すること」）にだけ問題解決的な学習を適用すればよいわけではなく，すべての学年や内容項目で全般的に問題解決的な学習を適用することが求められている。そのためには，小・中学校すべての学年や内容項目に対応した問題解決的な学習の指導案のモデルケースを創り出すことが，喫緊の課題となるのである。

　そこで，本書では道徳科の内容項目すべてに対応した「問題解決的な学習で創る道徳授業」の実践パーフェクトガイドを提示することにした。こちらでは問題解決的な学習の理論的説明や歴史的経緯は最小限にとどめ，すべての内容項目に対応した指導案のモデルケースを示すことに重点をおいた。

　あらゆる道徳科の教材は，多かれ少なかれ道徳上の諸問題を含んでいるため，問題解決的な学習に対応できる。従来からある定番教材であっても，今日的課題（いじめ，情報モラル，生命倫理，環境倫理など）を取り上げた教材であっても，問題解決的な学習を導入することでアクティブ・ラーニングに対応した道徳科の授業に転換することができる。それゆえ，従来の道徳授業を継承・活用した上で，新しい道徳科の授業にリニューアルすることは可能なのである。

　本書はこうした実践パーフェクトガイドの小学校編である。24の珠玉の指導案は共編著者である山田誠教諭をはじめ，問題解決的な学習で創る道徳授業に精通した手練れの先生方にご執筆いただいた。各先生のご尽力により迅速に完成度の高い事例集を示すことができた。

　21世紀にふさわしいアクティブ・ラーニング型の問題解決的な道徳授業を我が国でも豊穣に繰り広げるために，ぜひこの実践パーフェクトガイドを有効活用していただきたい。

柳沼良太

目次

はじめに

第1章 問題解決的な学習で創る道徳授業の基本スタイル

1　問題解決的な道徳授業の特徴―従来の授業との違い
　❶「読む道徳」から「考え，議論する道徳」への質的転換……………………8
　❷道徳科における問題解決的な学習とは……………………………………8
　❸アクティブ・ラーニングに対応した道徳科の授業とは……………………9
　❹実効性のある道徳授業を目指して…………………………………………9

2　問題解決的な道徳授業の1時間の流れ―導入・展開・終末
　❶事前指導で子どもの実態を把握……………………………………………10
　❷導入では関心を喚起…………………………………………………………10
　❸展開前段では問題の把握と解決……………………………………………10
　❹展開後段では問題解決を応用………………………………………………11
　❺終末では授業内容のまとめ…………………………………………………11
　❻事後指導では子どもの道徳的実践と省察…………………………………11

3　問題解決的な道徳授業の教材―既存の教材と新しい教材での展開
　❶教材の有効活用………………………………………………………………12
　❷教材の分析……………………………………………………………………12
　❸教材の提示方法………………………………………………………………12
　❹新しい教材の活用……………………………………………………………13

4　問題解決的な発問の構成
　❶主体的に考える発問…………………………………………………………14
　❷問題解決を促す発問…………………………………………………………15

5 問題解決的な道徳授業の表現活動―解決策を表現できる場の設定
- ❶ペア学習やグループ学習で表現する……………………………………………………16
- ❷役割演技で解決策を即興で実演する……………………………………………………16
- ❸シミュレーションで応用問題を解決する………………………………………………17
- ❹スキル学習を取り入れる…………………………………………………………………17
- ❺礼儀作法やマナーを学習する……………………………………………………………17

6 問題解決的な道徳授業の評価―事後まで見据えた評価
- ❶学習の形成的評価（特にパフォーマンス評価）………………………………………18
- ❷学習の自己評価……………………………………………………………………………18
- ❸学習の総括的評価（特にポートフォリオ評価）………………………………………19
- ❹道徳的実践の評価（「行動の記録」との関連づけ）…………………………………19
- ❺関係者の多面的評価………………………………………………………………………19
- ❻道徳授業のカリキュラム・マネジメント………………………………………………19

第2章 問題解決的な学習で創る道徳授業モデル

1 低学年 内容項目A－(1)自律
教材名：かぼちゃのつる……………………………………………………………………22

2 低学年 内容項目A－(2)正直，誠実
教材名：やきゅう……………………………………………………………………………28

3 低学年 内容項目A－(4)個性の伸長
教材名：なまえをつけて……………………………………………………………………32

4 低学年 内容項目B－(7)感謝
教材名：ブラッドレーの請求書……………………………………………………………36

5 低学年 内容項目B－(8)礼儀
教材名：たびに出て…………………………………………………………………………40

6 低学年 内容項目C－(11)公正，公平，社会正義
教材名：およげないりすさん………………………………………………………………44

7 低学年 内容項目C－(16)国際理解，国際親善
教材名：メダルの色より大切なもの………………………………………………………48

8	低学年 内容項目D－(18)自然愛護 教材名：母ザリガニへ……………………………………………………54
9	中学年 内容項目A－(3)節度，節制 教材名：目覚まし時計……………………………………………………60
10	中学年 内容項目A－(5)希望と勇気 教材名：思いきって言ったらどうなるの？………………………………64
11	中学年 内容項目B－(6)親切，思いやり 教材名：やさしさのタネ…………………………………………………68
12	中学年 内容項目B－(9)友情，信頼 教材名：絵はがきと切手…………………………………………………72
13	中学年 内容項目C－(12)公正，公平，社会正義 教材名：さかなクン「広い海へ出てみよう」…………………………76
14	中学年 内容項目C－(13)公共の精神 教材名：年老いた旅人……………………………………………………82
15	中学年 内容項目C－(15)よりよい学校生活，集団生活の充実 教材名：見えない名札……………………………………………………88
16	中学年 内容項目D－(20)感動，畏敬の念 教材名：富士と北斎………………………………………………………92
17	高学年 内容項目A－(6)真理の探究 教材名：自由研究…………………………………………………………98
18	高学年 内容項目B－(10)友情，信頼 教材名：友のしょうぞう画……………………………………………104
19	高学年 内容項目B－(11)相互理解，寛容 教材名：銀のしょく台…………………………………………………108
20	高学年 内容項目C－(12)規則の尊重 教材名：委員会活動……………………………………………………112
21	高学年 内容項目C－(15)家族愛，家庭生活の充実 教材名：母の手伝い……………………………………………………116
22	高学年 内容項目C－(17)伝統と文化の尊重，国や郷土を愛する態度 教材名：人間をつくる道—剣道—……………………………………120
23	高学年 内容項目D－(19)生命の尊さ 教材名：二つの命………………………………………………………124
24	高学年 内容項目D－(22)よりよく生きる喜び 教材名：恩讐の彼方に…………………………………………………130

Problem-solving

第1章
問題解決的な学習で創る道徳授業の基本スタイル

1 問題解決的な道徳授業の特徴
―従来の授業との違い

❶「読む道徳」から「考え,議論する道徳」への質的転換

　新しく始まる道徳科では「読む道徳」から「考え,議論する道徳」へ質的転換を図ることになる。道徳科でこのような「考え,議論する道徳」を推奨するに至った経緯について,中央教育審議会の教育課程企画特別部会の論点整理（2015年8月）では,以下のように説明している。
　従来の道徳授業は,「実際の教室における指導が読み物教材の登場人物の心情理解のみに偏り,『あなたならどのように考え,行動・実践するか』を子供たちに真正面から問うことを避けてきた嫌いがある」。「このような言わば『読み物道徳』から脱却し,問題解決型の学習や体験的な学習などを通じて,自分ならどのように行動・実践するかを考えさせ,自分とは異なる意見と向かい合い議論する中で,道徳的価値について多面的・多角的に学び,実践へと結び付け,更に習慣化していく指導へと転換することこそ道徳の特別教科化の大きな目的である」。
　このように,従来の道徳授業のような登場人物の心情を理解することに偏った「読む道徳」から脱却して,道徳上の問題に対して自分ならどのように行動・実践するかを「考え,議論する道徳」へと質的転換することが最も大事になるのである。

❷道徳科における問題解決的な学習とは

　考え議論する問題解決的な学習で創る道徳授業とは,子どもが問題を自ら考え,主体的に価値判断し,様々な解決策を思い描き,互いに考え議論し合うところに特徴がある。2015年の中学校学習指導要領解説（特別の教科　道徳編）でも,「道徳科における問題解決的な学習とは,生徒一人一人が生きる上で出会う様々な道徳上の問題や課題を多面的・多角的に考え,主体的に判断し実行し,よりよく生きていくための資質・能力を養う学習」と定義づけている。
　問題解決的な学習で創る道徳授業の学習指導過程では,教材を読んだ後に,子どもたちが「何が問題になっているか」「登場人物はどうしたらよいだろう」「自分ならどうするだろう」と考えるところに特徴がある。つまり,「何をなすべきか」「どのようにしたらよいか」という方法知や実践知にまで踏み込むことで,日常でも生きて働く道徳性を育てようとするのである。
　こうした点では,従来の道徳授業のように,登場人物の心情を理解させ,道徳的価値の自覚を深めさせることで,子どもの道徳的心情や道徳的態度を育成しようとする方針とは質的に異なる。従来の道徳授業は,教材を読んだ後に,登場人物は「どんな気持ちだったか」「なぜそうしたか」を問いかけ,その心情を共感的に理解させることで,教材に込められた道徳的価値を教えることに重点をおいてきた。こうした指導法は,国語科の「読み取り」を模倣している

ため簡便ではあるが，それを日常生活に生かすことはできないため，実効性に乏しかった。また，子どもが道徳上の問題を主体的に考えたり，多様な考え方を生かしたりして議論することも行いにくかった。そこで，これからは「読み取り道徳」であることをやめ，子どもが人生で出会う様々な問題を主体的に考え議論する授業へと質的転換することを目指したのである。

❸アクティブ・ラーニングに対応した道徳科の授業とは

2020年から順次全面改訂する学習指導要領では，各教科等においてアクティブ・ラーニングを全面的に導入することになる。従来のように教師が子どもに知識内容（コンテンツ）を教え込む授業から，子どもが主体的・能動的・協働的に学び考えることで資質・能力（コンピテンシー）を育成する授業へと質的転換を図ることになる。

この点では道徳科でも全く同様である。従来のように，主人公の心情を読み取らせ，道徳的価値（コンテンツ）を教え込む授業から，子どもが主体的に道徳的問題を考え議論することで道徳的資質・能力（コンピテンシー）を育成する授業に質的転換することが求められている。それに対応させて，2015年に一部改訂された学習指導要領において道徳科の目標は以下のように示されている。

「よりよく生きるための基盤となる道徳性を養うため，道徳的諸価値についての理解を基に，自己を見つめ，物事を（広い視野から）多面的・多角的に考え，自己の生き方（人間としての生き方）についての考えを深める学習を通して，道徳的な判断力，心情，実践意欲と態度を育てる」（括弧は中学校）。こうした「資質・能力としての道徳性」を養うためには，子ども自身が様々な問題を主体的に解決するアクティブ・ラーニング型の道徳授業にする必要がある。この点を道徳性の諸様相と関連づけて言うと，「道徳的判断力，道徳的心情，道徳的実践意欲と態度」という資質・能力を養い，実際の道徳的行動や習慣にも確実につなげていくことが肝要になるのである。

❹実効性のある道徳授業を目指して

子どもたちは道徳授業で学び考え議論したことを自分たちの現実生活に活用・汎用し省察する経験を通して「生きて働く道徳性」をはぐくみ，よりよく生きる力の基盤を形成する。従来の道徳授業のように，子どもが登場人物の気持ちを読みとって立派なことを発表し合っても，現実の行動や習慣に結びつけなければ，「生きて働く道徳性」を育成することは難しい。

そこで，考え議論する道徳科では，子どもが主体的に道徳上の問題に取り組んで，自らの人間関係や生き方と照らし合わせながら「どう行動するか」「いかに生きるか」まで根本的に考え議論し，その結果を日常生活の行動や習慣にも結びつける。こうした道徳授業では，子どもの認知・情緒・行動に働きかけ，学校の教育活動全体の要となるため，実効性も高くなる。

2 問題解決的な道徳授業の1時間の流れ―導入・展開・終末

　問題解決的な学習で創る道徳授業でも，基本的には通常の授業と同様に，導入・展開・終末という学習指導過程がある。以下にその一般的な1時間の流れを概説したい。

❶事前指導で子どもの実態を把握

　まず，子どもの実態と発達段階を理解し，何か具体的な問題状況もあれば確認する。ここでは教師が単に子どもを観察するだけでなく，定期的に個別の面接やアンケートや心理テスト等をすることで多面的に把握するように努める。道徳授業の内容に合わせて，各教科や特別活動，総合的な学習の時間に関連する体験活動や読書，映像教材の視聴をしておくことも望まれる。

❷導入では関心を喚起

　導入では授業の主題に子どもの興味や関心を惹きつけ，問題解決に取り組むよう動機づける。
・子どもの個人的な経験や具体的な事例から道徳的価値の意味を考える。例えば，「普段の生活をふり返って，勇気のある行動とはどんなことか」を問う。
・展開で使う教材と類似した簡潔な事例を提示して対応を考える。例えば，「友達との先約があるところに親から重要な急用を頼まれたらどうするか」を問う。
・授業でねらいとする道徳的価値について考える。例えば，「正義とは何か」「法やルールは何のためにあるか」を問う。
・展開で使う教材の問題について参考になる基本情報や知識を提供しておいてもよい。例えば，教材「メダルの色より大切なもの」で各国の国旗・国歌を説明しておく。

❸展開前段では問題の把握と解決

　展開前段では，まず教材を読んで解決すべき課題を見つける。

　まず，道徳的な問題を把握する。「何が問題か」「ここで何に困っているのでしょう」と問いかける。ここでは関係者の利害関係も確認する必要がある。また，問題に含まれる対立関係を分析する。「何と何で迷っているのか」「誰と誰の考えが対立しているのか」等について考える。問題状況を的確に把握できると，解決すべき課題も明確に設定できる。

　次に，様々な解決策を自由に構想する。ここでは「あれかこれか」の二者択一ではなく，第三，第四の解決策を提案し合い，可能性を広げる。そして解決策を考えた理由を話し合う。ここでは，関係者それぞれの立場や状況に配慮し，解決策のもたらす結果について考え，自他の経験や道徳原理や先人の知恵を踏まえて，個人またはグループで納得できる解を見出す。

❹展開後段では問題解決を応用

　展開後段では，問題解決の議論をより深め広める。一般的には，展開前段で個人やペアやグループ学習で考えた内容を，展開後段では学級全体で話し合い，具体的に解決策を練り上げていく。公共的な問題に関しては個人の価値観を表明するだけでなく，互いに合意形成を図ることが大事になる。

　展開後段では，以下のような「体験的な学習」を取り入れて実効性を高めることもできる。

・様々な解決策について役割演技（ロールプレイ）をしながら再検討する。子どもたちが解決策として考えた台詞を即興的に自由に言い合えるようにする。
・具体的な行動場面を設定してスキル的な学習をする。一般的にはソーシャル・スキル・トレーニングやセルフ・アサーション（自己主張）・トレーニングなどと組み合わせる。
・教材と類似した別場面を提示してシミュレーションとして取り組む。教材が基礎・基本の習得であるとすれば，別場面は応用問題であり，知識の活用や発展につながる。
・礼儀作法やマナー，エチケットを体験的に学ぶこともできる。基本的な礼儀作法などの知識や技能を習得したうえで，実際の様々な場面を想定して礼儀作法を応用してみる。

❺終末では授業内容のまとめ

授業の終末では，授業全体の学習を振り返るとともに，できるだけ日常生活にもつなげていく。

・子どもが「この授業でどんなことを学んだか，考えたか」を省察する。子どもが授業で学んだことをしっかり振り返ることで学習成果を確認できる。
・導入部において提示した根本的な問いかけを再び行って，道徳的価値の理解が深まったかを確認する。例えば，「本当の正義とはどのようなものだと思いましたか」と問う。道徳的価値の深まりや広がりが学びの成果に反映される。
・今後の子どもの生活経験に結びつけるために「今日の授業で学んだことを今後どう生かせるか」を考える。今後の行動や習慣につながる意欲や態度をはぐくむようにする。
・教師の説話として，授業で問題解決した内容と関連したことを経験談として語ったり，社会的話題，教訓や偉人・先人の言葉と関連づけて語ったりしてもよい。

　こうした授業のまとめは，できるだけ道徳用のワークシートやノートに書き記して，何人かに意図的指名をする。子どもたちの思考のプロセスを確認し，今後の日常生活に結びつける。

❻事後指導では子どもの道徳的実践と省察

　道徳科の問題解決的な学習で学び考えたことは，子どもたちの日常生活で実践に移しやすい。授業で考えた解決策を実際の場面で実践してみて，その効果を確認したり省察したりすることができる。こうした事後指導をすることで，道徳科の教育効果を検証することができる。

3 問題解決的な道徳授業の教材
―既存の教材と新しい教材での展開

❶教材の有効活用

　道徳科の教材にはどのような内容でも必ず道徳上の問題が含まれている。それゆえ，既存の定番教材でも問題解決的な学習を柔軟に行うことはできる。例えば，有名な教材「かぼちゃのつる」や「絵はがきと切手」でも，主人公の心情の読み取りではなく，「何で困っているのか」「どうすればよいか」を考え議論することで問題解決的な展開へと質的に転換できる。

　その際，ねらいや主題とのかかわりで，教材にどのような道徳的問題が含まれ，それに関連するどのような道徳的諸価値が含まれ，どのような解決策が考えられるかを十分検討しておく。また，教材をどのように活用すれば，子どもたちが主体的に問題解決に取り組み，道徳的諸価値の理解を深め，ねらいとする資質・能力を育成できるかを吟味しておくようにする。

　教材はあくまで子どもが道徳的問題を自ら考え主体的に判断する資質・能力を育成するための手段に過ぎない。それゆえ，教材に示された解決策を「模範解答」と見なして子どもに押し付けるのではなく，子どもと協働して探究し解決策を一緒につくり上げる姿勢が大事になる。

❷教材の分析

①教材に含まれる問題を確認する

　どの教材でも大小さまざまな問題が含まれている。ねらいとする道徳的諸価値に関連し，「生きて働く道徳性」をはぐくむためにどの問題点を特に取り上げるのか明確にしておく。

②問題に含まれる道徳的諸価値を抽出する

　一つの問題にも複数の道徳的諸価値が含まれている。そうした場合，中心価値だけでなく周辺の価値や対立する価値も押さえ，多様な道徳的諸価値の関係性を分析しておく。

③問題の対立点を明確にする

　道徳的な問題状況で，どのような考え（価値観）が対立しているか，だれが満足な状況でだれが不満足な状況にあるかを分析する。また，その対立点を解決する方法を構想しておく。

④複数の解決策を分析する

　複数の解決策を比較検討しながら，「それは妥当か」「その結果どうなるか」「長所と短所は何か」などを吟味する。二者択一ではなく「よりよい別の解決策はないか」も追求する。

❸教材の提示方法

　教材の分析を踏まえて，その提示方法も工夫する必要がある。問題解決的な学習における教

材の提示方法は，大別して以下の3通りである。

①教材の全文を提示するパターン

全文を示して物語の結末を理解した上で，原因と結果の関連性を振り返り，登場人物の示した解決策の良し悪しを省察する。そこでは，登場人物の言動への賛否を考えるとともに，別によりよい解決策もあったことを構想することもできる。

②問題場面までを提示するパターン

登場人物が葛藤する場面までを提示し，結末（結論）の場面をカットすることもできる。この場合，子どもが主体的に多様な解決策を構想することができる点で優れている。カットした部分を後で提示する場合は，それが必ずしも「模範解答」ではないことを断ったうえで，子どもたちが自由に考えた解決策と比較検討してみるとよい。

③教材をつくり替えて提示するパターン

教師が教材を一部改作し，問題解決用にアレンジしてみることもできる。子どもたちが簡単に解決策を想定できる問題ではなく，子どもが協働して探究しながら解決策をつくり出せる問題に改良し，議論を促すのである。

❹新しい教材の活用

従来の教材には，子どもたちにとって答えのわかりきった常識的な内容も少なくなかったため，新しく有意義な教材を積極的につくり出して，広く共有することが望まれる。

①今日的課題

今日的課題は，既存の教材が少ないうえに，日進月歩で内容も変わっていくため，積極的に新しい教材を活用したい。例えば，いじめ問題なら被害者，加害者，傍観者の立場でどのように問題解決できるかを現実的に考える。また，情報モラルの問題なら，ネット上のトラブルあるいはメールやLINEでのコミュニケーション不全を克服する方法を考える。生命倫理の問題なら，脳死問題やドナーカード，出生前診断，死刑制度など答えの出しにくい問題を議論する。

②日常生活で起こり得る話題

既成の架空の教材だけでなく，実際の日常生活で学校や学級の中で起きた道徳的問題を脚色して教材を作成してもよい。自分たちの生活に関係する問題であれば，子どもも切実に考える。ただし，自作教材があまりに実際の子どもの生活と密着していて生々しいと，刺激が強すぎて冷静な話し合いにならないため，適度に問題の状況や人物の設定を変えて提示する必要がある。

③別場面で応用するための教材

展開前段で既存の教材を使った後に，別場面で応用するための問題として短い教材を用意することも効果的である。例えば，展開前段で架空の物語である「手品師」を用いた後，展開後段では実際にあった約束に関する問題を簡潔に例示して，どうすべきかを考える。

4 問題解決的な発問の構成

　道徳科における問題解決的な学習では，教師の発問が極めて重要である。子どもが道徳上の問題を考え議論するためには，形式的で一方的な発問をするのではなく，問題解決を多面的・多角的に考える発問を用意して，子どもたちが活発に考え議論し合える展開にしたい。

　その際，授業のねらいに的確に迫るための発問も用意しておく必要がある。子どもが道徳的諸価値と関連づけながら，物事の真実や人間としての生き方について考えを深め，よりよく生きようとする意欲を高められるような発問を吟味することが大事になる。

❶主体的に考える発問

　道徳授業で子どもがいろいろな物語を読む場合，他人事として受け身で考えているうちは，心に響いてこない。それに対して，「登場人物はどうすべきだろうか」「自分だったらどうするだろう」「主人公のようにするだろうか」「人間としてどうすべきか」「別のやり方はないだろうか」などと主体的に考え始めると，切実な問題として心に迫ってくる。

　他人事であれば，建前できれいごとを言ってやり過ごす場合でも，自分のことであれば，その判断と結果に責任を取ることになるため，本気で切実に考え始めるようになる。

①自他の経験から解決策を考える

　子どもたちの過去の体験や見聞を資源（リソース）として成功の法則を導き出すのも有意義である。例えば，「過去にあなたがうまくいったときは，どのようにしましたか」と問う。格言や先人の言葉から解決策を導き出してもよい。例えば，「この場面でキング牧師ならどう考えるだろうか」と尋ねる。

②様々な可能性を考える

　登場人物の考えや常識にばかりこだわると話し合いが停滞してくる。そこで，子どもの願望を尋ねてみるのも有効である。例えば，「仲間がいじめを受けて困っているとき，本当ならどうしてあげたいですか」と問う。

　解決が困難な問題の場合は，「もし奇跡が起きたら，どうなるかな」と尋ねて肯定的な可能性を広げてもよい。こうしたミラクル・クエスチョンで考えると，不可能に思えたことでも実行可能に思えてきて，発想を切り替えるきっかけになることがある。

③二項対立にこだわらない

　単純な二項対立にして考えると「良い心と悪い心」や「強い心と弱い心」に押し込まれ，うまく議論が深まらない。できるだけ第三，第四の解決策も自由に考えるように促す。例えば，教材「母の手伝い」なら，「手伝いをするか，しないか」だけでなく，家族やコーチと相談し

て時間調整することを考える。

④多面的・多角的に考える

　問題のマイナス面ばかり考えて話し合いが行き詰まった場合は，プラス面を積極的に取り上げ，肯定的な解決策を構想してみる。例えば，「作業が遅い」と断罪するのではなく，「仕事が丁寧」「誠意をもって作業している」と見方を変える。

❷問題解決を促す発問

　問題解決的な学習指導過程で非常に重要なのは，子どもが多種多様な解決策を出した後に，それらを一つに絞り込んでいくプロセスである。「どの解決策もすべてよい」としてオープンエンドにすると，無責任で無思慮な言動も許容することになり，道徳的混乱が生じる。そこで，多様な解決策を比較検討して，最善の解決策を選びとることが必要になる。複数の解決策を絞り込み，ねらいとする道徳的価値に迫るために，次の道徳的原理を発問に活用できる。

①解決策の結果を考察する

　まず，「どうしてそう思うか」と理由を問うだけでなく，「そうしたらどうなるか」と結果も問う。解決策を考えた理由や動機だけ問えば，さしさわりのない建前や理想論に流れがちである。しかし，「その結果どうなるか」まで踏み込んで考えると，本音や現実論も出てくる。実際の生活に役立てるためには，結果を踏まえて実践可能な形に練り上げた解決策が重要になる。

②可逆性を考える

　次に，相手の立場も考慮して，「自分がそうされてもよいか」と可逆性を尋ねる。こうした他者（相手や第三者）の立場に自分を置き換え，その解決策が自分に適用されてもよいかを尋ねることで，より広い視野で多面的・多角的に物事を考え，様々な他者に対する思いやりの念を高めるようになる。

③普遍性を考える

　「いつ，どこで，誰に対してもそうできるか」を問う。目前の身近な人間関係や因果関係だけで考えるのではなく，広く社会関係を全体的に見つめ，様々な可能性を想定し，普遍妥当な解決策を考えるようにする。

④互恵性を考える

　関係者全員に配慮し，互いに納得できる解決策を考える。例えば，「みんなが幸せになるためにはどうすればいいだろう」と問う。単に力関係や利害関係ではなく，互いに尊重し合う精神で最善の解決策を出すようにする。自分だけ，または自分の仲間だけ幸せになればよいわけでなく，その問題に関連する人々すべてに配慮できるようにする。

　こうした教師からの多様で効果的な発問をすることで，子どもたちは道徳的諸原理や判断基準をもとに多面的・多角的に考え公正・公平に議論することができるようになる。

5 問題解決的な道徳授業の表現活動
―解決策を表現できる場の設定

　問題解決的な学習を活用した道徳授業では，子どもが多様な解決策を表現できる場や機会を設定するために，体験的な学習として即興的な動作化，役割演技（ロールプレイ），コミュニケーションを深める活動など多様な表現活動を積極的に取り入れることができる。

　こうした表現活動は，道徳の問題状況における臨場感を高めるため，子どもは道徳の問題状況により興味や関心を抱くようになる。また，自分の考えを表現する活動を通して道徳的な課題を自分自身のこととして切実に捉え，解決に取り組むことができるようになる。

　その際，動作化や役割演技が単なる興味本位に流されないように，道徳科のねらいを踏まえて，子どもが自ら考え，主体的に判断し，道徳的価値についての考えを深められるように配慮する必要がある。

❶ペア学習やグループ学習で表現する

　まず，問題を発見し，その解決策をペア学習やグループ学習で自由に表現し合うことである。子どもが知識や技術を習得するだけでなく，それを活用して具体的な問題を解決しようとしたり，それを契機により発展的で探究的な学びにつなげていったりすることが大事になる。

　次に，ペアやグループや学級の子どもたちで協働して考えを広げることである。子どもが自分の考えや過去の経験だけに執着するのではなく，他者と多様な意見交流をして，多面的・多角的な見地から考えを発展させていくことが重要になる。誰かの意見だけ優先するのではなく，多様な意見を交流するところに意義がある。

　そうした他者との対話によって自分一人では気づけなかったことが理解できたり，考えを深めるきっかけになったりすることが問題の解決につながることもある。互いに練り合い，高め合いながら問題を解決する協働的な学びこそが成長の契機となる。そのため，上述したペア学習やグループ学習，全体学習を適宜取り入れることが重要になる。

　さらに，子どもたちが見通しをもって粘り強く取り組み，自らの学習活動を振り返って次につなげることである。学びをその時間の活動だけにとどめるのではなく，その前後の学習と結びつけることも大事になる。過去に学んだ知識や技能とどのような関連性があるか，将来の学びとどのようにつながるか，その時間の学びは有意義で適切であるかを省察し，全体を俯瞰することが学習の質を高めることになる。

❷役割演技で解決策を即興で実演する

　登場人物の立場になって即興的に問題の解決策を動作化したり，役割演技したりして考える

ことも有効である。例えば、読み物教材の葛藤場面までを提示して、子どもたちが登場人物の取るべき行動（解決策）を即興的に演じる。

例えば、教材「およげないりすさん」で、りすさんを置いて島についたあひるさん、かめさん、白鳥さんが葛藤する場面を取り上げ、いろいろな解決策を考えて役割演技をし、それぞれの良し悪しを比較検討する。この場合、子どもたちは葛藤場面を多角的かつ批判的に考察し、創造的に様々な解決策を構想できるようにする。

❸シミュレーションで応用問題を解決する

展開前段で取り上げた教材の問題解決をもとにして、別の話題を応用問題として考えることができる。例えば、教材「銀のしょく台」でミリエル司教のとりうる行動を議論した後に、類似した別場面の応用問題として「日常生活で許した方がよいのは、どんなときか」を話し合う。

教材の問題が偉人・先人の話で心理的に距離がある場合、あえて身近な問題に置き換えることもある。例えば、教材「恩讐の彼方に」を読んだ後に、よりよく生きようとする人間の強さや気高さを自分たちに引きつけて話し合う。

❹スキル学習を取り入れる

実際の問題場面でどのように振る舞えばよいかを考え、スキル学習をすることができる。例えば、いじめの場面で傍観者の立場から加害者にどう対応するか、被害者をどう助けるかを具体的に学習する。例えば、教材「思いきって言ったらどうなるの？」を用いて、加害者（あや）・被害者（さとみ）・傍観者（ともこ）の立場でどう対応すべきか考える。

また、セルフ・アサーション（自己主張）の学習を取り入れることもできる。相手が嫌なことをしてきた場合の対応として、①「何も言わずに無視する」、②「相手を非難し拒絶する」、③「自分の気持ちをさわやかに主張する」のどれがよりよい解決策かを比較検討する。例えば、教材「絵はがきと切手」で「ひろ子と正子」の立場でさわやかな自己主張をし合ってみる。

❺礼儀作法やマナーを学習する

礼儀作法やマナー、エチケットに関する学習は、ある一定の動作や所作を型として具体的に理解したうえで、それを体験的に学習する方法が有効である。例えば、教材「たびに出て」を用いて、さまざまな場面を想定して、挨拶の仕方を行ってみる。

こうした表現活動は「慣れ」も大事である。子どもたちが自らの考えを伸び伸び表現できるように、教科等の学習活動でも役割演技やスキル学習を取り入れ、互いの表現活動を尊重し合える道徳的環境を整えることが大切である。

6 問題解決的な道徳授業の評価
―事後まで見据えた評価

　問題解決的な学習で創る道徳授業では，目標に準拠した指導と評価を明確に行うことが肝要になる。その際の評価は，子ども一人ひとりのよさを認め，道徳性に係る成長を促すようなものにする必要がある。その際，結果だけを数値等で評価するのではなく，子どもの学習過程に注目し，思考や行動の変容から道徳性の成長をとらえ，肯定的な所見を記すようにする。

❶学習の形成的評価（特にパフォーマンス評価）

　問題解決的な学習で創る道徳授業では，子どもたちが主体的に道徳上の問題を解決する過程を評価することが重要になる。そこでは，各教科と同様にアクティブ・ラーニングに対応させ，「思考，判断，表現」を観点として見取るパフォーマンス評価が推奨される。

　こうした形成的評価は，授業中に学級全体の前で発言した内容の他に，ペア学習やグループ学習での話し合い活動や書く活動が評価の対象となる。特に，授業中や前後に子ども一人ひとりの学習過程を評価するためには，道徳用のワークシートやノートを工夫して，思考のプロセスを把握するのが有効である。

　問題解決的な学習の場合は，「何が問題か」「何に困っているか」を考えることでパフォーマンス課題を設定する。この課題を「どのように解決したか」を見ることでパフォーマンス評価をすることができる。こうした評価で注目したいのは，①道徳上の問題状況を的確に把握できている点②様々な知識や技能を活用して問題を解決した点③自他の過去の経験と結びつけて問題解決した点④ねらいとする道徳的諸価値と関連づけて問題解決した点⑤将来の道徳的実践や習慣に結びつけた点などである。

　また，子どもの発言内容が授業の初めと終わりでどのように変容するかを記録して評価することも有効である。例えば，「知識・理解」の観点から，授業の導入で「自由とは何でも自分勝手にできることだ」と答えていた子どもが「ルールを尊重し，自他に対する責任をもった自由であるべき」と考えを深めた点を評価する。別の例として，「思考・判断・表現」の観点で，導入では「自分さえよければよい」と言っていた子どもが，「相手の立場や社会的見地も理解し，お互いが幸せになれるように行動する」と考えた点を評価する。

　子ども一人ひとりが自分なりに課題を設定し，それを協働して解決してよりよい生き方について考えを深め，道徳性をはぐくんだ点を評価したい。

❷学習の自己評価

　道徳授業の事前や事後にアンケート調査をすることがある。この場合，子どもが自身の言動

や習慣を振り返って自己評価することが基本となる。定期的に同種のアンケート調査をすることで道徳性の変容を把握することができる。

また，道徳授業の中でも，子どもが自らの「関心・意欲・態度」を自己評価することができる。子どもが道徳授業をどのような意識や態度で取り組んだかを自己評価するのである。

❸学習の総括的評価（特にポートフォリオ評価）

子どもが道徳用のワークシートに書いたものをファイルに綴じたり，道徳用のノートに書いたものをまとめたりして，学習の過程や成果などを記録したものを振り返るポートフォリオ評価も有効になる。子どもたちは学期や学年の終わりに振り返りの会（カンファレンス）を開き，自分のポートフォリオを概観しながら，自分の頑張ってきたことや道徳的な成長の軌跡を認めて自己評価することができる。また，その成果を踏まえ，今後の課題や目標を発見することもできる。この振り返りの会では，子ども同士で互いの努力や成果をグループや学級全体で発表し合い，相互評価することも有意義である。

❹道徳的実践の評価（「行動の記録」との関連づけ）

子どもたちが道徳科の授業で考えた解決策や具体的な行動指針を日常生活で実行して，知っていることを実際にできるかどうかをパフォーマンス評価することができる。また，授業で習得した道徳的諸価値を日常の行動や習慣と関連づけ，チェックリストで自己評価することができる。こうした道徳的実践を肯定的に評価し，「行動の記録」に反映させることもできる。

達成度で自己評価する場合，①「よくできた」「満足」②「だいたいできた」「だいたい満足」③「努力する」「不十分」等に分け，その理由を踏まえ改善の工夫を図れるようにする。

❺関係者の多面的評価

道徳教育の評価は，学校教育全体で担任教師が評価するだけでなく，他の教師や職員，保護者や地域の人々などが教育活動の様々な場面や実績を見取って総合的に評価することができる。各種の学校評価の項目に道徳教育の取り組みを入れて，定期的に教育実践の成果を振り返り，改善を図ることもできる。子どもたちがレポートやポートフォリオをもとにプレゼン教材を作成し，道徳的実践に関する発表をする機会を与えることも有意義である。

❻道徳授業のカリキュラム・マネジメント

以上のように道徳性の発達状況を把握したうえで，教師が道徳教育全体の成果を振り返り評価することになる。道徳科が学校の教育活動全体で行う道徳教育の要として機能しているか，子どもたちの道徳性を実質的に高めているかを調査する。その評価をもとに今後の道徳教育や道徳科の目標と指導法を改善するというカリキュラム・マネジメントをする必要がある。

Problem-solving

第2章
問題解決的な学習で創る道徳授業モデル

1

低学年　内容項目A−(1)自律
教材名：かぼちゃのつる

柳沼良太の"ココ"がおススメ！

定番の教材「かぼちゃのつる」であるが，問題解決的な学習を取り入れることで刷新されている。かぼちゃはつるを自由に伸ばしたいが，周りの人の気持ちに配慮したり，自分の身の安全に気をつけたりする必要もある。そうした現実的で納得できる対応を多面的・多角的にみんなで考え議論できる展開になっている。役割演技（ロールプレイ）を用いた学び合いでは，子どもたちが自らの考えを表現し合い深め合っている点にも注目したい。

◆本時の問題解決的な学習のポイント◆

❶自他の思考のズレを顕在化させ，実感の伴った問いへと導く

発問（問い）に，子どもが受身であっては学びの主体性は生まれない。たとえ与えられた問いであっても，「考えたい」「考える価値がありそうだ」と思えるような，子どもの実感が伴った問いへ導くことが大切である。共通の問いに対して子ども同士の思考にズレが生まれ，そのズレの根拠を追究していくところに「考えたい」という学びの意欲がわいてくるのである。

本時では，展開において教材の提示後，「自分がかぼちゃさんなら，つるを伸ばすか，伸ばさないか」と問い，多角的な視点から考えさせると同時に，微妙な思考のズレを顕在化させるためにネームプレートを活用し，子どもの立ち位置を俯瞰させていく。

❷問題解決策を検証し実のある内容に深める

子どもの学びの主体性を深めるためには，従来の発問に見られた一問一答型の思考ではなく，子ども自らが「自分だったらこう考える」「自分だったらこうする」という複数の価値を統合させながら，自他がともによりよく生きることのできる発想や思考を引き出すことが大切だと考える。

本時では，展開においてそのような自己の中で吟味されながら生み出される思考を役割演技を活用して導き出す。

◆指導案◆

（1） **主題名** 気持ちのよいすごし方
（2） **教材名** 「かぼちゃのつる」（出典：『みんなのどうとく1年』学研）
（3） **ねらい** ・つるを伸ばしたい放題のかぼちゃの姿を通して，ちょうちょやすいかの立場を考えながらお互いに気持ちのよい過ごし方について考えることができる。
　　　　　　・よく考えて行動していくためには，身の回りのことを考えながら自分のよいと思うことを行うことが大切であることに気づくことができる。
（4） **展開の大要**

	学習活動	ねらいにせまる手立て	子どもの反応
導入	1 「少しぐらい，いいじゃないか」と思った理由を考える。	・子どもの経験を想起させながら，その経験の根拠を問うことで解釈のズレを顕在化させていく。	・少しぐらい時間が遅れても許してほしい。 ・少しぐらいゲームの時間を延ばしてほしかった。だって，僕はゲームが大好きだから。
展開	2 教材「かぼちゃのつる」（かぼちゃのつるが切られる前まで）を読み，立場に分かれて話し合う。 3 よりよい問題解決策を生み出す。	○「ここで困ったことは何かな」 ○「自分がかぼちゃさんなら，つるを伸ばすか，伸ばさないか」 ・子ども一人ひとりの思考の立ち位置を明確化させるためにネームプレートを活用しスケール上に貼らせる。 ○「かぼちゃんさんは，どうしたらいいのか」 ・役割演技を活用する。授業者が「ちょうちょ」や「すいか」役となり，子どもは「かぼちゃ」役となる。何を大切にしているかを引き出す。	・つるを勝手にのばしていること。 ・ぼくなら伸ばすよ。伸ばさないと成長できなくなるから。 ・私は伸ばさないよ。伸ばしたら迷惑をかけてしまうから。 ・かぼちゃさんはどうしたらいいのかなあ。 ・自分の畑で伸ばせばいいと思う。 ・すいかに相談してみたらいいと思う。 ・道は色々な人が使う場所だからやめたほうがいいと思う。
終末	4 学習を通して大切だと思ったことや気づいたことについてまとめる。	・ワークシートを用意し，子どもの考えを整理させる。	・相手のことを考えて自分のやりたいことをすることが大切だね。 ・先のことを考えることは大切だね。 ・私もかぼちゃさんと同じようなことがあったとき，自分で考えて行動したよ。

（5） **評価** ・つるを伸ばすか伸ばさないかという問題に対して，自他の立場を考えながら考えることができたか。
　　　　　・日常生活と関連させながら，よく考えて行動していくためには，身の回りのことを考えながら自分のよいと思うことを行うことが大切であることに気づくことができたか。

◆授業の実際◆

教材の概要 かぼちゃのつるは、自分の畑がまだ空いているのに、他の畑や人の通る道にどんどん伸びていく。忠告してくれるみんなの言うことを聞かずに、自分勝手に伸びていったかぼちゃのつるは、道を通ったトラックにつるをぷちんと切られてしまった。かぼちゃは痛がって、アーンアーンと大きな声で泣いた。

❶導入

「少しぐらい、いいんじゃないか」と思うときを尋ねた。子どもからは、
・「おやつを食べたらだめ」と言われたとき
・「ゲームをやったらだめ」と言われたとき
など、「○○をしたらだめ」と言われたときが数多くあがった。さらに、その理由を尋ねてみると、
・自分がそうしたいと思ったから。
・もともと約束していたことだったから。
・怒られなかったから。
・楽なことだったから。
・ルールは守っていたから。
という答えが返ってきた。「いいんじゃないか」の対象が「自分」だけでなく、約束していた「相手」にとってもよいと考えた子どももいたので、「自分のためや相手のために『いいんじゃないか』と思ったんだね」と子どもの考えを整理した。

❷展開

教材「かぼちゃのつる」（かぼちゃのつるが切られる前まで）範読後、「自分がかぼちゃさんなら、つるを伸ばすか、伸ばさないか」と問い、スケール上に青色のネームプレートを貼らせた。学級のほとんどの子どもが「伸ばさない」の立場をとったが、トモコ、イツコ、アキラ、タクヤ、ショウイチは、「伸ばすレベル３」にネームプレートを貼った。当然、「伸ばさない」派の子どもたちから、「伸ばすレベル３」を選択した５人に「どうして『伸ばす』に貼ったの？」という質問が生まれ、子ども同士の自発的なかかわりが生まれた。５人からは、
・死ぬから、生きていけないから。
・道でないところで伸ばせばよいから。
・生き物だから。
・遊び道具になるかもしれないから。
などの意見が出された。特に、「道でないところで伸ばせばいいから」という発言に多くの児

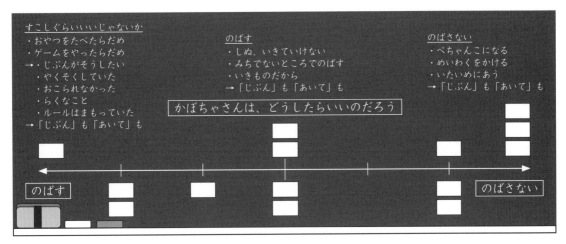

童が「なるほど」とうなずいていた。一方,「伸ばさない」派の意見として,

・ぺちゃんこになるから。
・迷惑をかけてしまうから。
・罰が当たって,痛い目にあうから。

というものが挙がった。ここで,導入の子どもの発言から出たキーワード「自分」「相手」を活用し,それぞれの考えは「自分のことか」「相手のことか」で区別していった。「伸ばす理由」も「伸ばさない理由」も,「自分」のことを思っている内容と「相手」のことを思っている内容とが混在することを子どもと確認した。

話し合いが一段落した後,改めてオレンジ色のネームプレートを貼らせ,自分の立ち位置を確認させた。すると,「伸ばさない」派の子どもの一部が,「つるを伸ばすのは仕方がない」「道でないところで伸ばせばいい」という考えに共感し,「伸ばす」へ移動する動きが見られた。

そこで,私は「つるを伸ばさなくては生きられないし,道に伸ばしたら迷惑をかける。どうしたらよいのだろうか」と問い,4人の子どもと役割演技を行って,それぞれがどんな考えを大切にして演じていたかをフロア側の子どもたちと一緒に考えていった。サキコ,ヒロシとの対話の様子を以下に紹介する。

【サキコとの役割演技の場面　サキコ:かぼちゃ役　T:はち役】
T　　　:こっちは,人が通るんだけど。
サキコ:あ,ごめん！　私,向こうの畑でつるを伸ばすね。
T　　　:ほんとに!?　ありがとう。
サキコ:どういたしまして。
(役割演技終了)
T　　　:サキコさんはどんな考えを大切にしていましたか？
C　　　:はちさんのことを大事に思ってあげていたよ。

【ヒロシとの役割演技の場面　ヒロシ：かぼちゃ役　T：すいか役】
T　　：かぼちゃさん，私の畑に入らないで！
ヒロシ：ごめんごめん。ぼく，自分の畑で伸ばすよ。
T　　：あの，私の畑でなければいいんで，道路はかまいませんが。
ヒロシ：いやいや，ぼくがぺちゃんこになるんで。あと，車に乗っている人にも迷惑がかか
　　　　るんでいいです。
（役割演技終了）
T　　：ヒロシくんはどんな考えを大切にしていましたか？
C　　：自分のことも考えていたし，車に乗っている人のことも考えていたよ。

❸終末

　子どもに「大切だと思ったこと」「新しく気づいたこと」をワークシートに書かせ，発表させた。
　以下は，ワークシートの例である。

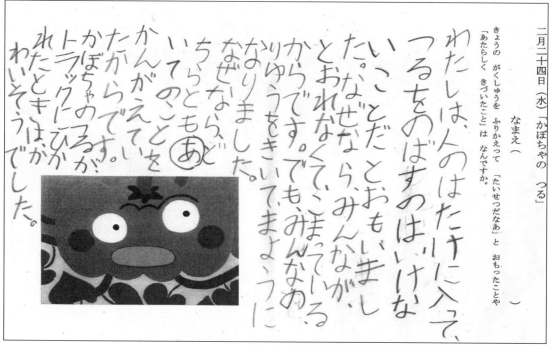

　多角的な発問により，多様な意見にふれ，自分自身の考えの変容を認識し，その根拠を考えられている。

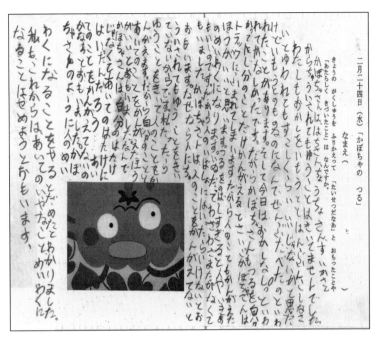

自分の経験の想起と合わせて，本時の価値を捉えながら，これからの自分のあり方について考えている。

◆ワークシート◆

月　日（　　）「かぼちゃの　つる」
なまえ（　　　　　　　）

きょうの　がくしゅうを　ふりかえって　「たいせつだなあ」と　おもったことや　「あたらしく　きづいたこと」は　なんですか。

（幸阪　創平）

2 低学年 内容項目A－(2)正直，誠実
教材名：やきゅう

柳沼良太の"ココ"がおススメ！

　悪いことをしても謝らずにモヤモヤしているのと，すぐに謝ってスッキリするのとでは，どちらがよりよい生き方になるか。答えは簡単そうだが，実際には相手が怒るのを恐れて，逃げ隠れしてしまうこともある。そんな自分の弱い心と向き合いながら，よりよい生き方を目指すためにどうすればよいかを考えられる授業である。現実的に誠実な態度でどう謝ればよいかを考え，役割演技している点も効果的である。

◆本時の問題解決的な学習のポイント◆

❶3人の立場で問題と向き合う

　「正直に生きることの大切さ」はわかっていても，自分と向き合い，認め，行動することはとても難しい。しかし，正直にありたいと強く願い日々心がけていくことで，明るい気持ちで自信をもって生活していけるのではないかと考える。

　本授業「やきゅう」では窓ガラスを割ってしまった3人の立場を理解し，「もし，あなたが3人のうちの1人だったらどうするか」という問題と向き合う。その解決策の理由となる子どもたちの「気持ち」や「思い」を丁寧に整理していく中で，「謝りたいけれど謝れない気持ちは何だろう？」という問題へと課題を変え，ねらいに迫っていった。

❷文字短冊や写真の活用

　教材を他人事ではなく自分事へと近づけることが，切実な課題づくりにつながる。そこで，教材を読んだ後に，広場の状況や割れたガラスの様子，おじさんの姿などを文字短冊や写真でくわしく提示して場面のイメージをはっきりともたせた。また，謝ればよいという考えに対して，「謝りさえすればよいのか」と問い返し，謝れなかったときの「心の曇り」について子どもたちに考えさせていった。そして，教材と子どもたちとをつなげ，自分の生活へと目を向けさせていく。

◆指導案◆

（1） **主題名** 自分の気持ちに正直に
（2） **教材名** 「やきゅう」一部改作（出典：『みんなでかんがえるどうとく2年』日本標準）
（3） **ねらい** ・うそやごまかしをせずに，正直に行動することの大切さに気づく。
　　　　　　・謝りたいのに謝れない自分と向き合い，正しく行動するにはどうしたらよいか，自分の考えをもつことができる。
（4） **展開の大要**

	学習活動	ねらいにせまる手立て	子どもの反応
導入	1　生活の中で悪いことをしてしまったことを発表する。	・自分の生活を振り返らせることで，学習する価値への関心と問題意識を高める。	・ケンカをしてたたいてしまったときに，謝らないでそのままにしてしまった。 ・友達のものを壊してしまったとき，壊れた理由を話してから謝った。
展開	2　教材「やきゅう」を読み，問題を見つけ，話し合う。	・教材を読み，状況を把握する。 ○発問1「3人は何に困っているのかな？」	・せまい広場なのだから，軽く打たないとだめだよ。 ・おじさん，とても怖そう。どうしよう。 ・謝るか，謝らないかで困っている。
	3　教材の疑問から問題1をつくる。	○発問2「もし，あなたがこの3人のうちの1人だったらどうする？」 ・謝れないときの心の中はどんな気持ちかを問い返す。 ・数人を前に出し，おじさんにどのように謝るか役割演技させる。	①3人で謝る。理由は，謝らないと見つかったときにもっと怒られるから。 ②自分が悪いのに謝らないとモヤモヤしちゃうよ。 ③ぼくは，逃げます。怖いおじさんに何をされるかわからないから。
	4　話し合った内容から問題2をつくり，話し合う中で自分の考えをつくっていく。	○発問3「謝りたいと願っているけれど，謝れないのは，なぜだろうか？」 ・子どもの経験から正直に生活するよさを共有する。	・テストの×がくやしくて○にしちゃって，ずっとモヤモヤしたな。 ・家の花瓶を壊してしまって，勇気を出して謝ったらすっきりしたな。
終末	5　学習を振り返り，自分の考えをまとめる。	・子ども一人ひとりに考えを整理させることで，価値の難しさと大切さに気づかせる。	・どんな人でも勇気をもって認めると，いい大人になれる。 ・ちょっとうそをついてしまうことがあるけれど，これからはうそはつかないようにしよう。

（5） **評価** ・「正直」の大切さや難しさに気づき，具体的な場面の中で思い描きながら，自分の心に正直に生活していこうとする気持ちが高まったか。

◆授業の実際◆

教材の概要 まこと，たつお，しげるの３人がせまい空き地でやきゅうをしていた。まことが思いきりバットを振ると，空き地のそばの家の窓ガラスにボールが当たり，ガラスが割れてしまった。しかも，そこの家のおじさんはとても怖い人らしい。３人は自分たちの非を認めて謝りに行くか，謝らずに逃げるかで意見が分かれて困ってしまう。

❶導入

まず，「もし，友達のものを壊してしまったらどうする？」と問いかけた。すると，子どもたちは次のように話した。
・どうして壊れてしまったのか理由を話して，しっかりと謝る。
・「ごめんね」と言う。

子どもたちをほめた後，「反対に，謝れなかったときはある？」と問いかけると，「友達をたたいてしまったときに，謝らないで帰ってしまった」「宿題を忘れたけど，先生に言わないでそのままにしたことがある」と述べた。そこで，悪いことをしてしまったときに，必ずしも謝れないときもあることを知り，教材へとつなげた。

❷展開

教材を読み終わると「おじさんに謝りにいくのが当然である」といった意見が多かった。そこで，教材範読後に，子どもたちが登場人物により共感できるように，おじさんの姿やガラスの割れた様子を写真や文字短冊を提示してイメージをふくらませていった。すると，子どもから「こんなにガラスが割れたら大変だ」「家にいるおじさんはす

ぐに来るんだ」「怖い。ぼくなら逃げてしまうかも」といった反応が表れた。
T：３人は何に困っているのかな？
C：謝るか謝らないかで困っている。
T：本当はどうしたらいいの？
C：謝った方がいいけれど，こんなに怖いおじさんだったら怖くて謝れない。
C：でも，悪いことをしたのだから，謝らないといけないよ。

いくつかの意見が出た後に，次の発問をして，ワークシートに解決策を書かせた。
T：もし，あなたがこの３人うちの１人だったらどうする？

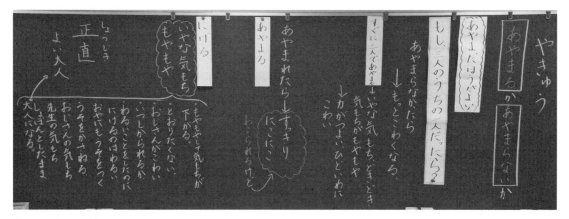

【謝る（理由）】
・知らんふりをして帰ったら，見つかったときにさらに怖くなる。
・3人で謝りに行く。今すぐ謝った方がスッキリした気持ちがする。

【謝らない（理由）】
・怖いおじさんだから力が強いし，武器をもっているかも。
・怖くて何をされるかわからないから謝れない。

　上記の意見が出た後に，「悪いことをしたときに謝れなかったら，どうなるだろうか」と聞くと，「嫌な気持ちになる」と答えた。そこで，「『嫌な気持ち』についてもう少しくわしく聞かせて」と問い返すと，「モヤモヤする」「うそをつくことになる」といった考えが出された。

　この後，子どもたちはどのように謝ればよいか役割演技をしながら考えた。しかし，ごまかすことなく正直に謝る大切さに気づきながらも怖くて謝れない子もいた。自分の悪いところを認めて謝りたいが，恐怖から謝ることができない。しかし，それでは，自分の心が許せない。つまり，スッキリしないのだけれど，謝ることができない。ここから，「謝りたいと願っているけれど，謝れないのはなぜだろう」という問題2をつくることができる。謝れずにモヤモヤするのと，謝ってスッキリするのではどちらがよいかよく考え，「謝りたいけれど謝れなかったことはないかな」と聞くことで，子どもたちからたくさんの経験が語られる。そこから，子どもたち自身の生活へと目を向けさせていく。

❸終末

　板書を振り返って，子どもの発言から正直に生活していくことのよさを共有し，授業で学んだことをワークシートに書いた。ワークシートを読んでみると，「これからの生活」に生かしていくことの大切さについて書いている子が数多くいた。間違いや失敗はこれからの生活で数多くある。大切なのは，その後にどのように自分の心と向き合い，行動していくかであり，正直であろうと日々努力していくことで，自分に自信をもつことができると述べて授業を終えた。

（近藤　健）

3 教材名：なまえをつけて

低学年　内容項目A−(4)個性の伸長

柳沼良太の"ココ"がおススメ！

「自分のよさ」は他者に指摘してもらってわかることがある。子どもと教師の対話から，名前のよさに始まり，自分のよさ，そして自分らしい個性まで見出すことができる。通常の問題解決的な学習とは異なり，「どうすればよいか」を考える場面はないが，それでも子どもと教師が協働して問題を発見し，様々な解決策をつくっていくことでダイナミックな授業展開となっている点がユニークである。

◆本時の問題解決的な学習のポイント◆

❶身近な「名前」を題材にする

　道徳学習における「問題」は，子どもとつくることもあれば，教師側から提示することもある。今回の授業では，教師が提示した問題をみんなで掘り下げていった。
　「問題」とは，自らが必要と感じ，考えたいという気持ちを抱いたときに，自らの「問題」となるのである。そのため，授業では，自分に身近な「名前」を題材とした。「名前」をきっかけとし，自分には人とは異なる固有のよさがあることに気づかせ，「個性」の意味をより具体的に見つめさせた。

❷生活実践につなげる

　「名前」を題材にすると，身近なだけに自己の生活とのつながりも見えてくる。それぞれの名前には両親や家族の願いが込められているし，名前をきっかけとして自分を見つめると，具体的な生活場面での姿が思い浮かんでくるからだ。
　授業を通して，人との違いに気づきながら自分のよさを見つめていく。そして，そのよさを自分への自信とすることで「もっとこうなりたい」という意欲をもつだろう。この気持ちをふくらませ，よい自分を伸ばすという生活実践へとつなげていきたい。

◆指導案◆

（1） **主題名** 自分のよさを見つけよう
（2） **教材名** 「なまえをつけて」（出典：『1ねんせいのどうとく　別冊付録』文溪堂）
（3） **ねらい**・ゆうの気持ちが大きく変わった理由を考えることで，自分の特徴を見つめ，そのよさに気づき，自信をもって行動しようとする気持ちを高める。
　　　　　・「個性」とは，決して特別なことではなく，日常の生活場面でもたくさん見つけられることに気づき，自分のよさに自信をもちながら相手のよさを進んで見つけようとする意欲を伸ばす。
（4） **展開の大要**

	学習活動	ねらいにせまる手立て	子どもの反応
導入	1　動物の名前を考える。	・猫の絵を見て，その名前を考え，教材への関心をもたせる。	・「のら」「青しまくん」「ドラミちゃん」など，名前を即座に発言。
展開	2　教材を読み，問題を話し合う。 ・問題を提示する。 ・どんな気持ちか話し合う。 ・「ぴかりえ」と言われたとき。 ・「れいちゃん」と言われたとき。 ・ゆうの気持ちの変化を考え，名前の大切さを考えていく。	・「にこにこ笑顔」をとらえ，なぜそこまで嬉しいのか考えていく。 ○「ゆうの気持ちはなぜ変わったのか」 ・「猫が名前をもったとき」やゆうが「ぴかりん」「れい」などと言われたときの喜びを考え，名前があると嬉しい理由を掘り下げ，ねらいに迫っていく。 ・ためいきをついたときと比べて，「にこにこのゆうちゃんは，どう変わったのか」を問い，自分を見つけさせる。 ・「名前」をキーワードに発言を振り返り，「名前」とは，自分であり，そのよさを自覚する大切さに気づかせる。	・名前なしは，かわいそう。 ・ゆうが喜んでよかった。 ・ものを大事にしていてよかった。 ・ほめられ，照れくさくなった。 ・あいさつもほめられて，もっと嬉しくなった。 ・よさがたくさん見つかった。 ・ぼくには，よいところもある。 ・他にもよいことないかな？と考えた。 ・名前は，人とは違う自分だけのもの。だから，大事。 ・自分のよさを見つけると自信が出る。 ・人とは違う自分のよさがわかった。
終末	3　今日の学習を振り返り，自分の考えをまとめる。	・授業を黒板を使い振り返り，人と異なる自分ならではのよさを個性と呼ぶことに気づかせる。	・「優心」とは，優しい人。優心は，思いやりがあってぴったりだ。

（5） **評価**・名前を考えることを通して，人とは違う自分のよさを見つめ，自らのよさを伸ばそうという気持ちをもてたか。

◆授業の実際◆

教材の概要 この日のゆうちゃんは，失敗ばかり。暗い気持ちでの帰り道，1匹の猫に出会う。猫が「名前をつけてほしい」と言うので，「くるりん」とつけてあげると大喜び。その猫はお返しに「あなたに名前をつけましょう」といくつかの名前を考えてくれる。どの名前もゆうちゃんのよい点を見つけているので，それを聞いたゆうちゃんは，少し自信をもてるようになる。

❶導入

猫の絵を見せ，「この猫に名前をつけてみよう」と促す。子どもたちは，「のらみ」「ドラ」「のらった」など楽しみながら発言していた。この気持ちを受け，「今日は猫が出てくる話だよ」と範読に入った。

❷展開

失敗続きで落ち込んでいたゆうが，「なぜにこにこ笑顔になったのか？」を問題として提示した。すると，「いろいろとほめてくれたから」という返答が多い。ただほめられただけで，そこまで気持ちが高まるのか？と問い返しながら，「何をほめられたのか」をじっくりと考えていった。

T：「ぴかりん」とほめられたときは？
C：嬉しい。ものを大事にしてよかったと思った。
C：そういえば，ランドセルがピカピカだなと思ったよ。
T：他には，何をほめられたの？
C：「れいちゃん」と言われ，あいさつをほめられた。礼儀正しいなんて言われたことがなかったと思う。だから，嬉しいんだ。
T：○ちゃんのあいさつもいいよね。とても元気で気持ちいいよ。
C：そうだね。□さんもいいよ。

子どもたちは，友達を口々にほめていた。これは，授業と子どもたちの生活とを結ぶ接点である。そこで，「名前」をキーワードとし，のら猫に話題を向けた。「猫は，『くるりん』という名をつけられて嬉しくなったかな？」「そりゃ嬉しいよ」「ぼくに名前があることが大切だから」と話が続く。この「大切」という意味を考えてみる。

T：「名前があることが大切」って言っていたよね。これは，名前の中身というより，つけてくれたことが，「大事」ということでしょ！ なんでかな？
C：名前は大事だから，嬉しかったんだよ。
C：人から「のら猫」とか言われても，「僕はしっぽだぞ」と言い返せるもの。
T：そうか！ 適当に呼ばれるのがくやしかった。それが，言えるんだ！

C：そう！　「ノラ」とか勝手に言われたら，なんだかものみたい。でも，名前がちゃんとあれば，自分が自分のものになるからいい！
C：あーぁ。そうかー！（大勢のうなずきあり）
C：さっき，○○ちゃんが，言ったように，もう，ものじゃない，「自分」とわかる！
C：そう！　自分は自分！　人を気にするんじゃないよ！って思える。「自分」が大事になるから，いい！

　名前があるという意味がだいぶわかってきた。子どもたちは話し合いながら，自分の名前の意味もつぶやいていた。この話し合いから，ゆうの気持ちが高まった理由が見えてきた。そこで，よい名前を考えてもらうことで，ゆうの気持ちがどう変わったのか？を再び問いかけていく。

C：「れいちゃん」って言われるまで，自分が礼儀正しいなんて思わなかった。
C：うん，自分のあいさつは人を嬉しくするってわかって，嬉しくなった。
T：言われて気づくってことはあるよね。
C：「ぴかりん」も同じ。ものを大事にする自分がわかったんだ。
T：そうだね。速く走る！というのに比べて目立たないけど，とても大事なことだ。ものを大事にするって難しいよね。だから，ゆうちゃんはすごい！というわけだね。

　こうして自分のよさに気づいていくゆうをみんなで見つめていく。そこで，子どもたち自身の名前に目を向けさせた。「みんなの名前の意味は？」と問いかけると，たくさんの子が両親の願いを語っていた。

C：ぼくの名前は優しい子になるように！っていうんだ。
T：そういえば，○ちゃん，友達の面倒をよく見ているよね。
C：うん，探しものも一緒にしてくれたよ（○ちゃんに拍手がわく）。
C：□さんも，名前の「直」のようにまっすぐ，正直だよ。

と名前の意味が発言されるたびに，その子のよさを取り上げていった。受け答えの中に，色々な子のよさが伝えられ，どの子も嬉しそうである。「ほら，こうしてゆうちゃんも，にこにこになったんだ」と理由がはっきりとした。

❸終末

　最後に「今日は，何を学んだのでしょう？」と問いかけた。子どもたちは，「自分にはよさがあることがわかった」「自分のよいことをわかるって大事」「人とは違うからいい」「友達のよさも知ったよ」など口々につぶやいていた。「人とは違う自分のよさを個性と言うよ。大事にしよう」とまとめ，授業を終えた。

(星　直樹)

4 低学年 内容項目B−(7)感謝
教材名：ブラッドレーの請求書

柳沼良太の"ココ"がおススメ！

定番の教材「ブラッドレーの請求書」は，低学年で「感謝」を考えさせるうえでも非常に有効である。子どもたちはブラッドレーの立場や考え方に共感しながら，一方でお母さんの立場や考え方も理解して，自然と多面的・多角的に物事を見るようになり，感謝の念をもてるようになる。普段何気なく使っている「ありがとう」の意味が，授業を通してどんどん拡充していく展開も見事である。

◆本時の問題解決的な学習のポイント◆

❶当たり前になっていることに気づかせる

本教材は，中学年において家族愛を学ぶ教材として扱われる。今回は，低学年で問題解決的な学習を展開して，内容項目Bの「感謝」を学ぶ教材として提案したい。低学年の子どもが抱く感謝の念は，身近な人に対するものが多い。特に，親は今まで過ごした時間が最も長く，感謝すべき存在である。低学年の子どもにとって，それは当然であり，よく理解している。しかし，親から愛情をかけられ，大切に育てられているという実感は少ない。それは，当たり前すぎる日常の中に感謝の念が埋もれているからである。よって，感謝の念が自分にしっかりとあることに気づかせ，尊敬し感謝することの大切さを学ぶことが大きなポイントとなる。

❷母親にかける感謝の言葉を考えさせる

低学年の子どもたちになじみがある感謝の言葉「ありがとう」。その意味を考えたいと思えるように導入を工夫したい。今回の授業では，「感謝とは何か」という生き方へつながる問題をつくった。その際，親への感謝の念を忘れ，母へ請求書を出す問題の行動とその心について話し合いをする。母が出した請求書が無料になっているわけや意味を考え，親への感謝の念に気づかせたい。さらに，もし自分がブラッドレーだったら，母にどのような感謝の言葉を伝えるか考えさせて，役割演技を用いながら問題解決としたい。最後に，母の日や父の日と関連させて，親への感謝を自分なりに表現させたり，行動させたりして，実効性のある指導をしたい。

◆指導案◆

（1） **主題名** 家族へ感謝
（2） **教材名** 「ブラッドレーの請求書」（出典：『こころ　つないで３』教育出版）
（3） **ねらい**・自分の生活は家族の支えがあることに気づく。
　　　　　　・家族への感謝の念を自分の言葉で表現し，家族に貢献しようという意欲をもつ。
（4） **展開の大要**

	学習活動	ねらいにせまる手立て	子どもの反応
導入	1 「ありがとう」（感謝）とは何か考える。	・「ありがとう」という言葉の意味を考えさせ，感謝とはどういうことか問いをつくる。	・感謝って何だろう。 ・「ありがとう」って，どんな意味かな。
展開	2 前半を範読する。 ・何が問題なのかを考える。 ・ブラッドレーの気持ちを考える。 3 後半を範読する。 ・母の請求書について考える。 ・自分がブラッドレーならば，母になんと言うか考える。	・ブラッドレーの請求書を拡大して黒板に掲示し，問題点を見つけさせる。 ・自分の計画がうまくいったときの自分本位の気持ち（質の低い大喜び）を把握させる。 ・母親の請求書も拡大して黒板に掲示し，ブラッドレーの請求書と比較させる。 ・自分の考えをまとめ，ブラッドレーのかわりに感謝の言葉を役割演技で発表し合う。	・自分のことばかりを考えている。 ・お母さんへの感謝がない。とても失礼。 ・お金をもらって喜んでいる。 ・なぜ違うのかな。 ・お母さんはブラッドレーのことが大好きだから無料なんだ。 ・「お母さん，いつもぼくを支えてくれて，ありがとう」など。
終末	4 「ありがとう」（感謝）とは何か自分の考えをまとめる。 5 親（母の日・父の日）に手紙を書く。	・みんなの意見（考え）を聞き，感謝とは何か自分の考えをワークシートなどに書いてまとめる。 ・感謝する気持ちを具体的な言葉や行動に表す。	・いつも当たり前のように思っていたけれど，お家の人に支えられて生きていることがわかった。

（5） **評価**・「ありがとう」（感謝）の意味について，自分の考えをまとめることができたか。

◆授業の実際◆

教材の概要 ブラッドレーは，お母さんに，お手伝いやごほうびの金額を書いた請求書を渡した。お母さんはにっこり笑って何も言わず，1枚の紙とともにブラッドレーにお金をくれる。その紙は，お母さんがブラッドレーにしてくれたことと，その代金が0円，と書かれた請求書だった。ブラッドレーは反省し，お金をお母さんに返した。

❶導入

まず，「ありがとう」という感謝の言葉について考えさせる。学級の実態に応じて，どんなときに使う言葉か，どんな気持ちで使う言葉か，どんな意味があるのかなどと問いかける。ここでは，「感謝とは何か」という問いを子どもたち一人ひとりがもつことが重要である。一人ひとりが生き方への問い（ここでは「感謝とは何か」という問い）である「問題」を発見できなければ，問題解決的な学習を進めることはできないのである。

❷展開

次に，教材の前半を範読した後，教材における問題点を明らかにして，発見させる。そのため「この話で困ったことは何かな」という発問をする。

本教材では，お手伝いや習いごとの頑張りにお金を請求するところが問題であることを発見させるため，何が問題なのか話し合いをさせる。実際には次のような発言があった。

「お母さんもブラッドレーのお世話をしてくれているのに，お金をもらうのはおかしい」

「お金をもらうために，お手伝いや習いごとをするのはおかしい」

「うちのお母さんにしたら，めちゃくちゃにしかられると思う。やってはいけないこと」

このような発言を引き出した後に，お母さんからの請求書について考えさせる。お母さんはどのような請求書をブラッドレーに渡したのかという発展的な問いである。

「ブラッドレーのお世話は大変だから，当たり前だけど高いお金を請求すると思う」

「仕返しのような請求書になっていて，支払えないぐらいのすごく高いお金を請求する」

ここでは，「自分がお母さんだったら，どんな請求書を渡すのか」という発問も有効である。

ある程度お母さんの請求書を予想できた時点で，教材の後半を範読する。

予想外の請求金額に子どもたちは驚き，どうして無償なのかを考え始めるのである。「どうしてお母さんの請求書は無償なのか」という発問は，わざわざ言わなくてもよいかもしれない。ブラッドレーの請求書とお母さんの請求書を比較して考えたり，ブラッドレーの涙の意味を考えたりすれば，無償である意味が理解でき，学んでいるすべての子どもたちに母親への感謝の念が芽生えるのである。

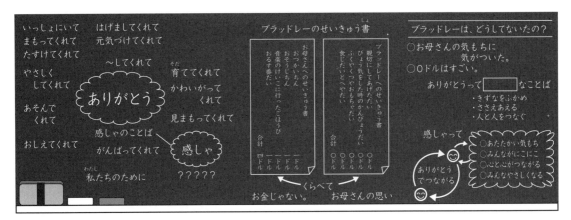

また，低学年という発達段階を生かして，ブラッドレーのお母さんへの言葉を考えさせ，役割演技など体験的な学習も展開させたい。実際には以下のような言葉があった。

「お母さん，ごめんなさい。いつも私のために，一生懸命働いてくれてありがとう。毎日，おいしいごはんやおそうじ，本当にありがとう」（１年女児）

❸終末

終末では，導入と同じことを問うことにする。それは，本授業で学んだことを実感させたいためである。

導入では，「ありがとう」とは「感謝の言葉」という当たり前の発言しか出てこないが，終末では学びの深まりを感じることができる。以下のような発言があった。

・ありがとうって絆を深めて人と人をつなぐ言葉。
・ありがとうは，私にとって支えてくれる言葉。
・感謝すると，あたたかい気もちになって元気になる。
・感謝すると，みんながにこにこになって優しくなる。

導入時の自分の考えと終末時の自分の考えを比較し，感謝についての考えが拡充できたことを子ども自身に自己評価させる。その活動により子どもたちに，生きる喜びを味わわせることができる。教師が，子どもたちが学んだこととよりよく生きる大切さを結びつけて価値づける。道徳の評価は，そうあらねばならない。子どもたちの目がきらきらと輝く終末にしたい。

『ありがとう』（二年男児）

お母さん ありがとう
ぼくをうんでくれて
お父さん ありがとう
遊んでくれて はたらいてくれて
家ぞくみんな ありがとう
いろいろなこと 教えてくれて
ぼくの心は
ありがとうでいっぱいだよ。

（竹井　秀文）

5 低学年 内容項目 B−(8)礼儀
教材名：たびに出て

柳沼良太の"ココ"がおススメ！

　サルのけいたの立場で，あいさつをする島とあいさつをしない島のどちらに住むのがよりよいかを考え議論する。礼儀はなぜ必要なのか，よりよく生きるためにどのような人間関係を築くべきなのかを考えることができる授業である。展開の後段では，「勝ち負けじゃんけん」や「あいこじゃんけん」という体験的な学習が組み込まれている。楽しみながら礼儀の意義と技能をダイナミックに学び考えることができる授業である。

◆本時の問題解決的な学習のポイント◆

❶主人公の立場に立たせて解決策を考えさせる

　はっきりとした気持ちのよい返事やあいさつは，人と人とを結びつけ，お互いの心を明るくさせる。それは社会生活の基本であり，できるだけ早い時期に習慣として身につけさせる必要がある。返事やあいさつのような基本的な生活習慣は，本来は家庭で身につけさせるものである。しかし，核家族化により家庭の教育機能が低下している現代社会においては，学校でも返事やあいさつなどの基本的な生活習慣の指導を行う必要がある。本時においては，あいさつをしない島でのけいたの立場で「あいさつをしないことからどんな問題が生じるか」「お互いに気持ちよく過ごすためにはどうしたらよいか」を子どもたちに考えさせる。

❷あいさつゲームで実践意欲を高める

　読み物教材の学習を通して，子どもたちは，はっきりとした返事やあいさつをすることにより，気持ちのよい生活をすることができるということを理解する。しかし，理解しただけで実践につながるとは限らない。そこで，本時においては「あいさつゲーム」を行うことにした。これはじゃんけんで勝った人だけがあいさつをする「勝ち負けじゃんけん」と両方からあいさつをする「あいこじゃんけん」を行う。このゲームを通して子どもたちは，あいさつをしたときの気持ちよさとあいさつをしなかったときの不快な気持ちを体験することにより，あいさつをしようという実践意欲をより強くもつのではないだろうか。

◆指導案◆

（1） **主題名** 気持ちのよいあいさつ
（2） **教材名** 「たびに出て」（出典：「わたしたちの道徳　小学校一・二年」文部科学省）
（3） **ねらい**・あいさつや言葉づかいの大切さを理解し，人と明るく接しようとする態度を育てる。
　　　　　　・けいたの立場でどうすべきか考えた後，実際に体験的な学習を行うことにより，気持ちのよいあいさつをしようとする意欲を高める。
（4） **展開の大要**

	学習活動	ねらいにせまる手立て	子どもの反応
導入	1　「わたしたちの道徳」の54～55ページでどんなあいさつがあるか確認する。	・「わたしたちの道徳」54～55ページのふきだしに書かせてから，発表させる。	・「おはようございます」「いただきます」「いってきます」「さようなら」「こんにちは」「ただいま」「おやすみなさい」
展開	2　「たびに出て」を読んで話し合う。 3　「勝ち負けじゃんけん」をする。 4　「あいこじゃんけん」をする。 5　気持ちを振り返りカードに書いて話し合う。	○「けいたは，なぜあいさつをしなかったのでしょう」 ・隣の席の人と話し合いをさせる。 ○「『あいさつのないしま』では何が問題なのでしょう」 ○「けいたはどうすればいいでしょう」 ・「勝ち負けあいさつ，じゃんけんほい」と言って，勝った人だけあいさつをする。 ・「あいこであいさつ，じゃんけんほい」と言って，あいこになったら，両方があいさつをする。 ○「二つのあいさつをしてみて，どんな気持ちがしましたか」	・あいさつなんてしなくてもいいじゃないか。 ・あいさつなんて面倒だし，嫌いだ。 ・あいさつがないと何だか寂しいな。 ・あいさつは面倒だから，これでいい ・あいさつをすると，自分も相手も気持ちよくなる。 ・思いきってあいさつをしてよかった。
終末	6　今後の生活の展望をもつ。	・大人に対してだけでなく，子ども同士でもあいさつするよう促す。	

（5）　**評価**・けいたの立場であいさつの意味を考え，よりよい人間関係を築こうと考えることができたか。体験的な学習を行うことで，気持ちのよいあいさつをしようとする意欲をもつことができたか。

◆授業の実際◆

教材の概要 「あいさつじま」のさるたちは、みんな元気にあいさつをする。しかし、横着なけいたはあいさつをすることが嫌で、「あいさつじま」を出て行くことにした。そして、けいたは「あいさつのないしま」に着いた。けいたは、あいさつの声がしない静かなこの島をとても気に入ったが、水飲み場を尋ねたときのさるたちの反応にはとまどった。その夜、けいたは、木の上で「あいさつじま」のことを思い出した。翌日からけいたは、みんなにあいさつをするようになった。こうして「あいさつのないしま」に徐々に明るく元気なあいさつの声が響くようになった。

❶導入

「わたしたちの道徳」の54～55ページでどんなあいさつがあるか確認した。子どもたちからは「おはようございます、いただきます、ごちそうさまでした、いってきます、さようなら、こんにちは、ただいま、おやすみなさい」という答えが返ってきた。子どもたちは、時と場合によってどのようなあいさつをするべきか、知識としては知っていた。ただ、知識として知っているからといって、日常生活の中で常に気持ちのよいあいさつができるとは限らない。

❷展開

T：けいたは、なぜあいさつをしなかったのでしょう。
C：面倒くさいから。恥ずかしいから。うるさいから。
T：あいさつのない島では何が問題になっているのでしょうか。
C：あいさつをしないので、気分が悪い。
C：誰とも仲良くなれない。
T：けいたは、どうすればいいでしょうか。
C：あいさつをした方がいい。その方が気持ちいいから。
C：あいさつを広めたらいい。そうすると、みんなと仲良くなれる。
C：あいさつをすると、自分の気持ちが相手に伝わる。

ここでは、子どもたちは、あいさつすることの大事さを確認し、あいさつのよさを話し合った。そこで、あいさつのよさを実感するための体験的な学習を行うことにした。

まず、「勝ち負けじゃんけん」を行った。これは、「勝ち負けあいさつ、じゃんけんほい」と言って、勝った人だけあいさつをするゲームである。次に「あいこじゃんけん」を行った。これは、「あいこであいさつ、じゃんけんほい」と言って、あいこになったら、両方があいさつをするゲームである。1年生の子どもたちは、とても楽しそうにこのゲームを行った。

ただ，道徳の時間においてこのような体験的な学習を行うときは，それらの活動を通じて学んだ内容の意義について考えさせなければならない。本時では，「勝ち負けじゃんけん」と「あいこじゃんけん」を行った後に感想を振り返りカードに書いて，話し合いをさせた。

　「勝ち負けじゃんけん」では，まだ1年生なので，とにかく「じゃんけんをして楽しかった」という感想が多かったが，中には「じゃんけんで負けてあいさつできないとがっかりする」という感想を発表した子どもがいた。

　そこで，この発言を全体に投げかけたところ，相手からあいさつされて自分があいさつしないとお互いに不快な気持ちになることに気づいた。また，「あいこじゃんけん」でも，ただ「じゃんけんをして楽しかった」という感想が多かったが，中には「お互いにあいさつできたので，嬉しい気持ちになった」という感想を発表した子どももいた。そこで，この発言を全体に投げかけたところ，お互いにあいさつをすると気持ちがよくなることに気づいた。

　このように個別に感想を書かせるだけでなく，感想を書かせた後，全体で話し合うことにより，たとえ1年生でも，少数の子どもたちの考えをクラス全体で共有することができる。

　今までの道徳の授業では，展開後段で生活の振り返りとして，「あいさつができたとき，どんな気持ちだったでしょう」「あいさつができなかったとき，どんな気持ちだったでしょう」と問いかけていた。しかし，本時では，今までの生活を振り返るかわりに体験的な学習を行った。低学年における道徳授業においては，本時のように子どもたちが体を動かす活動をできるだけ取り入れることが，道徳授業の活性化につながる。

❸終末

　子どもたちは，本時の授業を通してあいさつのよさを実感することができた。そこで，本時の授業で学んだことを毎日の生活の中で実践するように促した。具体的には，大人にあいさつをするだけでなく，友達同士でも，「おはよう」「さようなら」などのあいさつをするように促した。

（山田　誠）

6

低学年 内容項目 C－(11)公正，公平，社会正義

教材名：およげないりすさん

柳沼良太の"ココ"がおススメ！

　子どもたちが遊ぶ場合は，みんなが楽しめるように創意工夫する必要がある。そこでは，自分たちだけがよければいいのではなく，最も弱い立場の者（りすさん）に配慮することが大事になる。この授業では，こうしたテーマを扱った教材の前半で問題を発見し，教材の後半で問題の解決を目指している。様々な解決策を役割演技で確かめながら，色々な友達と仲良くし，公平にふるまう方法を考えている点も効果的である。

―◆本時の問題解決的な学習のポイント◆―――――

❶子どもの多様な考え方を引き出す

　子どもの多様な考えを引き出すことで，子どもの学びの主体性を大切にする。そのために，教材の内容を前半と後半に分けて提示する。前半の範読後，登場人物のとった行動を予想させ，子どもの主観的な見方を尊重する。そして，後半の範読後，子どもが考えた内容と登場人物のとった行動とを比較させることで，共通点や相違点を顕在化させ，道徳的価値理解へとつなげていく。本時では，教材「およげないりすさん」の前半を前日の出来事までとし，後半を次の日の出来事からとした。特に，前半では，かめさんがひらめいた「いい考え」を子どもに考えさせることで子どもの多様な解釈を期待した。

❷対話を通して，道徳的価値理解を深めさせる

　授業者が子どもとの対話を通して，子どもの考えの根拠を引き出していくことを大切にする。それは，同時に子どもに道徳的価値理解を深めさせていく過程でもある。本時では，役割演技を活用して対話を生み出していく。役割演技は，表現豊かな低学年の子どもの特性を生かせる学習活動であり，学習意欲をさらに高めることができる。展開で「かめさんはどんないい考えを見つけたのか」と問い，子どもが主体的に考えた方法を表現させる。その際，方法の紹介で終わらないよう，対話の中で授業者から「どうしてそのような方法を考えたの？」「その方法だと何がよいの？」と問い返すことで，考えの根拠を引き出したい。

◆指導案◆

（1） **主題名** 誰とでも仲良く
（2） **教材名** 「およげないりすさん」（出典：「わたしたちの道徳 小学校一・二年生」文部科学省）
（3） **ねらい** ・りすさんの立場を考えながら，かめさんのとった行動を考えることを通して，誰とでも仲良くしていこうとする態度を育てる。
・誰とでも仲良くするためには，相手の気持ちや立場を考えたり，誰に対しても公平に接したりすることが大切であることに気づく。
（4） **展開の大要**

	学習活動	ねらいにせまる手立て	子どもの反応
導入	1 色々な友達と仲良くするために自分が大切にしていることを考える。	・不特定多数の友達を対象に，仲良くなるために大切にしていることを考える。 ○「色々な友達と仲良くするために自分が大切にしていることは何だろう？」	・一緒にたくさん遊ぶこと。 ・友達の嫌なことはしないこと。 ・みんなと同じように話したり遊んだりすること。
展開	2 教材「およげないりすさん」の前半（前日の出来事まで）を読み，話し合う。 3 教材の後半を読み，話し合う。	・りすさんを置いて，島についたあひるさん，かめさん，白鳥さんはどんなことを考えながら遊んでいたのか状況を確認する。 ○「かめさんはどんな『いい考え』を見つけたのか」 ・かめさんの立場になってどんな「いい考え」が思いつくか問いかける。 ・役割演技を活用する。授業者が白鳥さん役になり，子どもにかめさん役を担当させる。 ・子どもの「いい考え」と，教材中のかめさんが実際にとった行動とを比べ共通点を考える。	・初めは楽しい気持ちで遊んでいた。 ・途中から，りすさんのことが気になってきた。 ・りすさんに嫌なことしてしまってごめんなさい。 T（白鳥役）：かめさん，どんないい考えを思いついたの？ C（かめさん役）：りすさんも誘おうよ。 T：でも，りすさんは泳げないよ？ C：大丈夫だよ。僕たちの背中に乗せてあげようよ。 ・りすさんを仲間はずれにしなかったこと。 ・みんなで仲良く遊んだ方が楽しいと考えたこと。
終末	4 大切なことや気づいたことについてまとめる。	・ワークシートを用意し，子どもの考えを整理させる。	・色々な友達と仲良くするためには，好き嫌いで友達を選んだらいけないね。 ・今度みんなで遊ぶときは，みんなが楽しい気持ちで遊べるといいなあ。

（5） **評価** ・りすさんの気持ちを考えて，かめさんのとった行動を考えることができたか。
・友達と仲良くするために大切にしていることを自分の経験と重ねて考えることができたか。

◆授業の実際◆

教材の概要 泳ぐことができないという理由から「りすさん」を仲間はずれにしてしまった「あひるさん」「かめさん」「白鳥さん」は,「りすさん」の気持ちや立場を理解し,あらためてみんなで仲良く遊ぼうと考える。

❶導入

子どもたちに,「色々な友達と仲良くするために自分が大切にしていることは何だろう?」と問いかけた。子どもからは,
・自分から遊びに誘うこと。
・たくさんお話をすること。
・あまりわがままを言わないこと。
などの意見が出された。「あまりわがままを言わないこと」と発言したサキコに「どうしてあまりわがままを言ってはいけないの?」と聞くと,「相手が嫌な気持ちになるし,遊んでくれなくなるかもしれないから」と答えた。相手の気持ちを大切にした発言内容であったため,「相手の嫌な気持ち」という言葉にアンダーラインを引いた。

❷展開

教材「およげないりすさん」の前半を範読した後,りすさんを置いて,島についたあひるさん,かめさん,白鳥さんについて「何か困ったことはないか」を考えた。子どもからは,「りすさんがいないので,全然楽しくない」「みんなで遊んでおけばよかった」「りすさんに悪いことをした」などの意見が出された。導入で「相手」を意識させたことで,りすさんの気持ちにふれる発言があった。

次に,ひとりでいるりすさんの立場になって,「3人が遊んでいる間,りすさんはどんなことで困っているかな?」と問い返す。すると,子どもたちからは「ひとりぼっちでつまらないこと」「ひとりぼっちで悲しいこと」「泳げないからだめと言われて怒っていること」などの意見が出された。

続けて「りすさんがそのようなとき,どうしたらいいだろう。かめさんが『いい考え』をひらめきました。どんな考えだろう。みんながかめさんだったら,どうすればいいだろう」と伝えた。

教師が白鳥さん役,子どもがかめさん役になり役割演技に取り組んだ。役割演技を通した対話を以下に二つ紹介する。

役割演技を通した対話①
T：かめさん，どんな「いい考え」があるの？
C：白鳥さんの背中に乗せてあげて，島まで送ってあげてよ。
T：どうして，そんなことを考えたの？
C：だって，りすさんはひとりで悲しいと思うからね。

役割演技を通した対話②
T：かめさん，どんな「いい考え」があるの？
C：りすさんが泳げないなら，泳ぎ方を教えてあげようよ。
T：でも，泳げなかったらどうする？　島に行けないよ。
C：じゃあ，島に行かないで池のほとりでみんなで遊ぼうよ。
T：どうしてそんなことを考えたの？
C：泳げないからひとりぼっちにさせるのはかわいそうだよ。

　②の対話では，本教材の後半の内容とは異なり，子どもは「島に行かない」という結論を考えた。「りすさんが泳げないことは悪いことではないし，それだったら無理にりすさんを誘って大変な場所に行く必要はない」という根拠に，一同「なるほど」という表情を浮かべていた。その後，教材の後半を範読し，実際にかめさんがとった行動と子どもたちが役割演技で考えた行動との共通点を考えた。子どもからは，
・ぼくたちも，かめさんも，りすさんの気持ちを考えていたことが同じだったよ。
・みんなが楽しい気持ちになれるように考えたのが同じだったよ。
・仲間はずれをしなかったことが同じだったよ。
などの意見が出た。役割演技を通して，子どもの多様な考えを主体的に引き出せたこともあり，共通点を発見しようとする子どもの意欲も高かった。

❸終末

　あらためて「色々な友達と仲良くするために自分が大切にしていることは何だろう？」と問いかけると「かめさんのように仲間はずれにしないようにしているよ」「自分もされたら嫌だもん」という主題に正対する意見が返ってきた。

（幸阪　創平）

7 低学年 内容項目 C-(16)国際理解，国際親善
教材名：メダルの色より大切なもの

柳沼良太の"ココ"がおススメ！

　低学年の子どもたちにとって国際理解には限界がある。そこで，楽しく学べるように，オリンピックにおける国旗や国歌の話題を取り上げている。表彰式で順位を間違えて旗を上げてしまった場合，どうすればよいかを考え議論することになる。国家の威信をかけたようなオリンピックの場であっても，一方でいかに国際親善を図ることができるかを考えることもできる。低学年の子どもでも興味深く国際理解が学べるだろう。

―◆本時の問題解決的な学習のポイント◆――――――――――

❶国旗や国歌の活用で国際理解につなげる

　低学年の子どもたちは，外国のことをあまり知らない。発達段階として当然であるが，2016年のリオオリンピックや2020年の東京オリンピックなどで，外国について知る機会も増える。このような時期に，他国に親しむことは，日本人としての自覚をもたせる意味で大変意義深い。
　他国に親しむとは，まずは興味をもつことである。そして，それぞれの国のよさを知ることである。それぞれの国に必ずある独自の伝統文化こそよさであり，その一つ一つに，誇りがあることを理解させたい。国旗や国歌は，まさにその最たるものである。

❷メダリストの立場に立って考えさせる

　本教材「メダルの色より大切なもの」は，オリンピックでの表彰式の写真を扱っている。外国人選手たちが，表彰台に立ち，国旗を感動したまなざしで見つめている。そこで銀・銅メダリストの国旗が間違えて掲げられる。それぞれの国が誇りにしている国旗や国歌の意味を考えさせ，もしも自分がメダリストだったらどうするかを個人やグループで考えさせ，学級全体の話し合いで最善策を模索したい。まず，それぞれの国の人々が，どうして国旗や国歌を大切にするのかという問いをもたせたい。次に，自分がもしもメダリストだったらどうするのかを考えさせて問題解決をさせる。そうしてそれぞれの国の国旗や国歌を大切に思うために，自分たちはどのようなことを心がけるべきかを話し合い，自分の考えをまとめるようにする。

◆指導案◆

（1） **主題名** それぞれの国の大切なもの
（2） **教材名** 「メダルの色より大切なもの」（自作教材）
（3） **ねらい**・国旗や国歌は，それぞれの国の誇りがつまっていることに気づく。
　　　　　　　・国旗や国歌は，その国の人々の願いや伝統文化そのものだとわかる。
（4） **展開の大要**

	学習活動	ねらいにせまる手立て	子どもの反応
導入	1　日本や外国の国旗を見せ，「どうして大切なのか」を考える。	・日の丸を見せたり，他国の国旗を見せたりして，「どうして大切にするのか」と問いをつくり，意欲を喚起する。	・日の丸。日本の国旗。 ・外国にも国旗はあるよ。 ・どうして国旗や国歌を，大切にするのだろう。
展開	2　教材を範読する。 ・何が問題なのかを考える。 ・どうすればよいかを考え，話し合う。 ・話し合いながら，最もよい方法（最善策）を見つけだす。 ・解決するときに大切にしたこと（心）について話し合う。	・銀メダルと銅メダルの選手の国旗が違う。 ・自分がメダリスト（選手）だったら，どうするかをグループで話し合う。 ・グループごとに解決策について発表し，そのわけも話す。 ・最善策を話し合う。 ・どの解決策にも，他国を尊重する心があることを理解させる。	・国旗の場所が違う。 ・選手がかわいそう。 ・表彰台の立つ位置を変える。 ・表彰式を中断して国旗をつけ直す。 ・選手が立つ位置を変更する。 ・その国が大切にしている国旗だから，表彰式できちんとたたえたい。
終末	3　どうして国旗や国歌を大切にするか自分の考えをまとめる。 4　オリンピックなどで大切にしたいことを話し合う。	・導入での問い「どうして大切にするのか」について考えを書いてまとめさせる。 ・オリンピックなど他国との交流で大切にしたい態度や日本人としてのあり方を話し合わせる。	・それぞれの国の人たちが大切にしてきたものすべてが入っているから。 ・日本のよさも知ってほしい。スポーツで戦っても仲良くしていきたい。

（5） **評価**・多くの国がどうして国旗（国歌）を大切にしているか考えることができたか。

◆授業の実際◆

教材の概要　オリンピックの表彰式。金・銀・銅メダルの選手の国旗が掲げられる。メダリスト（選手）たちは，表彰式を楽しみにしていた。表彰式が始まった。金メダルの選手は，国旗が掲げられる前に，銀・銅メダル選手の国旗を掲げる場所（位置）が違うことに気づく。しかも，表彰台に上がってから，気がついたのである。「どうしよう……」と悩む。

❶導入

低学年の子どもたちが，国際理解・国際親善について考えやすいものとして，国旗や国歌を取り上げる。特に日本の国旗（日の丸）は，音楽の教科書にも掲載されており，なじみ深い。さらに，日の丸以外の世界の国旗を知っているか問う。知っていればどのようなことを知っているのかなどを聞き，諸外国への興味関心を喚起する。

ここでは国際理解・国際親善という大きな枠組みで考えさせられるように，「どの国にもある国旗や国歌は，なぜ大切なのか」「国旗や国歌は，どうして大切にされるのだろうか」などと自ら考えようとする問い（問題）をもたせることが大切である。つまり，自分たちと異なる他国のよさをいかに理解し，どのように他国に親しもうとする気持ちを高めるべきかを問う。その問題意識を一人ひとりがもち，問い続けることで問題解決的な学習を進めることができるのである。

❷展開

次に，教材を範読した後，教材における問題点を明らかにして，発見させる。そのために「この話で困ったことは何ですか」と発問する。本教材では，オリンピックの表彰式において，銀メダリストと銅メダリストの国旗を間違えているところに問題がある。

この問題を解決するため，「もし自分が表彰を受けている選手だったら，どうしますか」という発問をして，個人，ペアで話し合わせる。実際には以下のような意見が出された。
・自分の国のものじゃないから「まっ，いいか」と思ったけれど，表彰式をやめたほうがいい。
・銀メダルの選手と銅メダルの選手の場所を入れ替える。無理なら表彰式をいったん止める。
・表彰台の一番高いところに3人を乗せて，左右を入れ替えて国旗の前に立たせる。

そして，これらの意見について全体で話し合い，学級としての最善策を議論する。ここで気をつけたいのは，どれを選ぶかという議論ではなく，どの国の人々も国旗を大事にしているため，互いに尊重し合う必要があることを確認することである。よって，理由もしっかりと聞いて，色々な意見のよいところを混ぜ合わせた新しい考えをつくり出せるようにしたい。

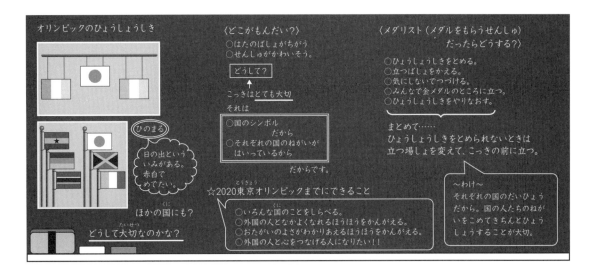

❸終末

　終末では，導入でつくった問い（問題）の答えを見出さなければ，問題解決の授業にはならない。よって，導入とまったく同じ発問する。「国旗や国歌はどうして大切なのか」という同じ発問により，本時に自分が学んだことがより明確になる。初めはわからない難しい問題も，教材や友達の意見，学級全体の話し合いの力で問題解決し，自分の考え方をつくり，国際理解につなげることができる。授業では，子どもたちから以下のような意見が聞かれた。

　「それぞれの国のよさを旗にしたものだから大切」「どの国にも国旗や国歌があり，そこに住む人々が大切にしていることがわかった」「外国にも『日の丸』と同じような大切な国旗があり，いいなと思った」「色々な国旗があり，それぞれ意味があることがわかった。どの国旗も大切」「ある国の国旗を調べたけど，色にも意味があって，国の願いが込められていた」「国旗はどれもとてもきれいだし，それぞれの国を大切にし，外国の友達をふやしたい」

　最後に，2020年に開催される東京オリンピックに向けて，自分ができることについて考えさせたい。国際理解や国際親善について理解を深めていける，低学年においては大切にしたい展開である。ここでは，東京オリンピックにおいて日本にやってくる多くの外国人の方々に対する心と姿のあり方について話し合い，日本人のひとりとしてできることを主体的に考えさせたい。

・日本に来た外国の人々とふれあいたい。そして，それぞれの国のよさをわかってほしい。
・お互いによくわかり合えるように，それぞれの国の遊びなどをして楽しみたい。
・日本のよさを伝えるだけではなくて，相手の国のことをしっかりと聞きたい（知りたい）。

　日本人としての自覚を感じつつ，2020年までに自分のできることを考えることは，国際理解・国際親善への意欲を長いスパンで育むことになる。オリンピックが東京にやってくる教育的意味がここにある。この機会を教育現場は逃したくはない。

（竹井　秀文）

メダルの色より大切なもの

　オリンピックは，4年に1ど　ひらかれるスポーツのおまつりです。
　オリンピックに　さんかすることは，どのスポーツ選手にとっても　大きなもくひょうです。そして，金メダルをとることは，大きなゆめです。

　オリンピック水泳会場では，きょうぎをおえたせん手たちが，今からはじまる　ひょうしょう式を　こころまちにしていました。
　みなさんもしっているように　オリンピックのひょうしょう式では，自分の国の国旗（こっき）が　かかげられます。
　金メダルのせん手は，国旗がかかげられる間に国歌（こっか）も　ながされます。

　今までのつらいれんしゅうをのりこえ　国の代表としてオリンピックにさんかし　メダルをとれたことに　どのせん手も　大よろこびしていました。
　金メダルをとったマイケルせん手は，銀・銅メダルのせん手と　会話をしながら，ひょうしょう式を　楽しみにまっていました。

　ひょうしょう式のはじまりをつげる音楽がながれました。いよいよひょうしょう式です。

　メダリストたちがひょうしょう式の会場にはいってきました。
　会場は，いろいろな国の旗をもったお客さんでいっぱいです。
　そんなお客さんの声えんに，マイケルせん手たちは，手をあげて笑顔でこたえています。

　マイケルせん手は，ひょうしょう台の一番高いところにのぼりました。
　マイケルせん手の国旗も　真ん中に　どうどうと　じゅんびされています。
　そのとき，マイケルせん手はあることに気がつきました。それは，銀メダルと銅メダルのせん手の国旗の場所がちがうのです。

　「どうしよう……」

　どうやら，マイケルせん手しか気がついていないようです。
　会場が，おいわいムードで　もりあがっています。マイケルせん手は，どうすればよいかなやみました。

　　　　　　　　　　　　　　　　　　　　　　　　　　　　　（―前半終了―）

だれも気がつかないまま　ひょうしょう式がつづきました。

　メダルが　せん手たち　一人ひとりにわたされ，いよいよ国旗があがろうとしたときマイケルせん手が，となりに立っていた　銀・銅メダルのせん手に声をかけました。

　突然，（金・銀・銅メダルの）３せん手が　ひょうしょう台の一番高いところ（マイケルせん手がいたところ）に　ならび立ったのです。よく見ると，銀メダルのせん手と銅メダルのせん手の場所がいれかわっています。

　会場にいる人たちみんなびっくりして　少しざわつきましたが，ぶじに　ひょうしょう式が終わりました。

　ひょうしょう式の後，マイケルせん手のところに，たくさんの新聞記者やカメラマンがおしよせました。
「どうして，同じところに３せん手がならんだのですか。なにかあったのですか？」
　しつ問が　マイケルせん手になげかけられました。

　マイケルせん手は，
「じつは，国旗の場所がちがっていまして…。２人（銀・銅メダルせん手）に場所を入れかわろうと声をかけたのです。そして，そのまま，ならんでいようとつぶやきました」
と笑顔でこたえました。

　つづけて，
「私たちは，それぞれの国の代表ですし，国旗や国歌は，私たちが今まで大切にしてきたものですからメダルの色に関係なく大切なものだと思いますから」
とはなしました。

　マイケルせん手のこの行動やお話は，世界中にすばらしいニュースとして伝えられたのでした。

　のちに　マイケルせん手は，
「あのときの　ひょうしょう式は　金メダルいじょうのものを　いただいたような気持ちになりました」
とかたっています。

（文：竹井秀文）

8 低学年 内容項目 D−(18) 自然愛護
教材名：母ザリガニへ

柳沼良太の"ココ"がおススメ！

　子どもたちは動植物をかわいがり，優しい心で世話をすることの大切さもきちんと理解している。しかし，日常生活ではついうっかりして動植物の世話を怠り，死なせてしまうこともある。これは，自然愛護の見地から，どうすれば生き物を大切にできるかをじっくり考えさせることのできる授業である。実際にあった話だけに，子どもたちも切実感をもって真剣に話し合い，どうすれば悲しい結果にならずにすむかについて深く考えることができている。

―◆本時の問題解決的な学習のポイント◆―

❶身近な出来事を素材に考える

　低学年の子どもたちは，自然に対して目がよく行き届く。道の片隅に小さく咲く花や小さな虫などにもよく気がつく。そして，それらの動植物を見て，目をきらきらと輝かせるのである。つまり，低学年のどの子にも，身近な自然に親しもうとする心や動植物に優しくしようという心が，もともとあることをうかがい知ることができる。本教材「母ザリガニへ」は，実際に教室で起きたエピソードをもとにした自作教材である。生き物係が，大切に育てていたザリガニが卵を抱える。その卵から多くの赤ちゃんが産まれるのだが，母ザリガニが死んでしまうのである。生き物係はどうすべきだったのかを話し合い，飼育環境を見直すことで多くの赤ちゃんザリガニが成長していく話である。

❷生活科と関連させて実効性を高める

　まず，生き物（動植物）と接するときの大切な心とその行動についての体験を振り返り，問いをつくる。その問いをベースにザリガニが死んでしまった原因とザリガニの飼育に対して，真剣に考え行動する，生き物係の思いを話し合わせる。
　次に，自分がもし生き物係だったら，母ザリガニをどのように守るか考え，ザリガニを守るためには，自分たちにどのような心が必要か話し合う。最後に，生活科と関連させて，自分たちの身近な飼育・栽培活動に生かし，実効性を求めたい。

◆指導案◆

（1） **主題名** 生き物を大切に
（2） **教材名** 「母ザリガニへ」（自作教材）
（3） **ねらい**・生き物が必死に生きていることに感動し，自分も同じであるとわかる。
　　　　　・これからも身近な生き物を大切にしていこうとする心がまえをつくる。
（4） **展開の大要**

	学習活動	ねらいにせまる手立て	子どもの反応
導入	1　今までの飼育活動（体験）を振り返り，「生き物を育てる」とはどのようなことかを考える。	・今まで育ててきた動植物について，それぞれの体験を振り返り，「生き物を育てる」意味を問う。	・チューリップやアサガオを大切に育てた。 ・どんな生き物も大切に育ててきたよ。
展開	2　教材を範読する。 ・何が問題だったかを考える。 ・どうすればよかったかを話し合う。 ・最もよい方法を見つけだす。 ・子ザリガニの飼育に解決策が生かせるか話し合う。	・生き物係が大切に育てていたのに死んでしまったことを問題とする。 ・生き物係はどうすればよかったのかを班で話し合う。 ・グループごとに救出作戦について発表し，それでよいか議論する。 ・産まれたばかりの子ザリガニをどう育てていくのかを話し合う。	・産まれたばかりの赤ちゃんに気をとられすぎた。 ・水の量など問題があった。 ・母，赤ちゃんと別々にしたほうがいい。 ・母親だけべつ水槽作戦 ・赤ちゃん取り出し作戦 ・親子だけ作戦など ・もっと大きな水槽にする。 ・学校観察池にザリガニをかえして自然で育てる。
終末	3　飼育活動で大切にしたい心について話し合う。 4　これからの飼育活動に生かせることをまとめる。	・ザリガニ救出作戦を実行するときに大切な心について，自分の考えをワークシートなどに書いて，まとめる。 ・自分たちの普段の飼育活動につなげて考えさせる。	・今，育てている生き物をもっと大切に育てたい。 ・生き物はぼくたちと同じように生きているから　やさしい気持ちでふれあいたい。

（5） **評価**・生き物（動植物）を大切に育てるときの心がまえを考えることができたか。

◆授業の実際◆

教材の概要　ある日，生き物係がザリガニを飼育することを学級に提案する。その提案を聞いて，全員が賛成し，ザリガニの飼育がスタートする。順調に進んでいた飼育活動に変化が訪れる。1匹のザリガニが産卵したのである。産卵により，たくさんの赤ちゃんザリガニが誕生するのだが，喜びもつかの間，母ザリガニが死んでしまう。生き物係も学級のみんなもショックを受ける。そして，生き物係は，赤ちゃんザリガニに夢中になっていたことを反省し，ザリガニを死なせないように飼育環境を再び見直していく。その頑張りにより，赤ちゃんザリガニは，すくすくと育っていく。

❶導入

　まず，これまでに行った飼育活動を振り返り，生き物（動植物）を大切に育てた経験を思い出す。そして，どうして生き物（動植物）を大切に育てたのかを考えさせる。ここでは，自然という大きな枠組で考えさせるように，生き物（動植物）にふれあうことで感じ取れた愛おしさなどの自然愛護の精神を自覚させながら多くのことを発言させたい。

　具体的には以下のような経験談が語られた。「アサガオを育てて，初めて花が咲いたとき，大切に育ててよかったと思ったよ」「鈴虫のお世話をして，秋に初めて鈴虫が鳴く音を聞いて感動したよ」

　そして，生き物（動植物）を大切に育てることができたのはどうしてか，どうして大切に育てようと思うのかを，一人ひとりが，自然愛護に関するよりよい生き方への問い（問題）として把握できるようにする。

❷展開

　次に，教材を範読した後，教材における問題点を発見して明らかにする。そのため「この話で困ったことは何ですか」と発問する。本教材では，生き物係が，ザリガニの卵および赤ちゃんに気をとられ，お母さんザリガニのお世話を怠り，お母さんザリガニが死んでしまうところに問題がある。

　この問題を解決するため，「お母さんザリガニ救出作戦」をグループで話し合わせる。実際には以下のような救出作戦が考案された。
・母親だけべつ水槽作戦（赤ちゃんが産まれて大変だから，別の水槽でゆっくり過ごす）
・赤ちゃん取り出し作戦（赤ちゃんが産まれて大変だし，赤ちゃんを食べてしまうから）
・親子だけ作戦（母ザリガニと赤ちゃんザリガニだけにして，他のザリガニは別の水槽へ）
・みんな別々作戦（母，赤ちゃん，他のザリガニを別々にして，飼育環境を整える）
・大きな水槽作戦（赤ちゃんがたくさん産まれたから，もっと大きな水槽にかえて育てる）
・自然にかえそう作戦（学校の観察池にザリガニをかえして自然に育てる）

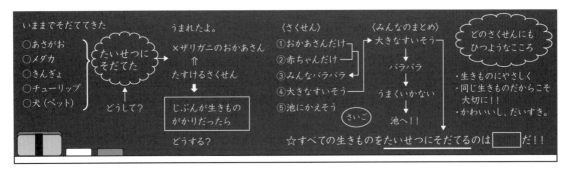

　これらの作戦について全体で話し合い，学級としての最善策を議論する。ここで気をつけたいのは，どれを選ぶという議論ではなく，この問題解決のために何が最も大切かを考えることである。それゆえ，いくつかの作戦を組み合わせた折衷案でもよい。「自分が生き物係だったらどうするか」を主体的に考え，生き物のために最善を尽くそうとする能動的な態度を育みたい。

❸終末

　お母さんザリガニ救出作戦は，方法論を議論するだけでなく，動植物に優しく接しようとする心情を育てるようにしたい。いかなる作戦においても，生き物に対して優しく接しようとする自然愛護の精神が欠かせないことを，子どもたちが自ら気づいて，考えをまとめられるようにする。

　例えば，「どの作戦も，ザリガニたちのことを大切に思わなければ行動できない」「ザリガニの幸せを考えなければ，作戦はどれもうまくいかない」「大人のザリガニ，赤ちゃんザリガニに関係なく，大切に育てようと思うことが大切」「赤ちゃんザリガニを観察池にかえす考えに賛成。自分がザリガニだったらそうしてほしいし，その方がのびのびといきいきと生きていけると思うから」「どんな生き物でも，大切に育てないといけない」「どんな生き物にも，優しくしたい」「生き物はぼくたちと同じように生きているから，優しい気持ちでふれあいたい」など様々な考えをまとめることができた。

　最後に，自分たちの飼育活動など普段の生活における自然愛護について考えさせたい。生活科における野菜づくりや虫の観察など，自然に多くふれあう学習が多い低学年において大切にしたい展開である。ここでは，子どもたち一人ひとりが，飼育活動や栽培活動に頑張って取り組んでいる姿を評価しつつ，導入時につくった問い（問題）を考えさせることが重要である。「大切に育てることができるのは，自分と同じように生きているから」「動物や植物がかわいくて，大好きだから大切に育てることができる」。このように当たり前のことを自分の考えとして書いたり発表したりすることが大切であり，それが自然愛護の精神を育むことになる。

（竹井　秀文）

母ザリガニへ

「みなさん，ザリガニをかってもいいですか」
生きものがかりが，みんなにきいた。
「いいよ」
みんなは，生きものがすきなので，よろこんだ。

ある日，生きものがかりが，ザリガニのようすがおかしいことに気がついた。
よくみると，ザリガニのおなかに しろいつぶつぶがある。
「あれ，たまごじゃない」だれかがつぶやいた。
「そうだよ」つぎのひとことで きょうしつが おおさわぎになった。

その日から１ヶ月。
たくさんの赤ちゃんザリガニが うまれた。
「うまれた」「うまれた」みんな，おおよろこびで またおおさわぎになった。
「小さくてかわいいね」
「あ，あの子は ピョンピョン はねてる。すごい」
「あ，あっちの子は 大きい」「あの下にいる子は えさをとる れんしゅうをしているよ」
「いろいろな赤ちゃんがいるね。みんな げんきで いっしょうけんめいだね」

しかし，よろこびもつかのま…
とつぜん，母ザリガニがしんでしまったのである。
みんなショックだった。とくに，生きものがかりのショックは大きかった。

「お母さんザリガニがしぬなんて，かなしい」
「赤ちゃんザリガニをのこしてしぬなんて……」
「ぼくたちが赤ちゃんザリガニに気を取られすぎたからかな」
「どうしてしんでしまったのだろう」
「どうすればよかったのだろう」

生きものがかりのみんなは，母ザリガニがしんだわけをかんがえて，なやみはじめた。

（―ここまでが前半―）

生きものがかりは、赤ちゃんがうまれたことのうれしさから、母ザリガニのお世話をしていなかったことに気がついた。

「そういえば、水そうがよごれているね」
「赤ちゃんにえさは、あげたけれど、母ザリガニにはあげていないよね」
「赤ちゃんがにげるからって、水もあまりかえてないよね」

　みんな　何も言わず　しばらくだまっていた。

「もう1ぴっきも　しなせないようにしようよ」
「そうだね。こんな気持ちになるのはいやだね」
「ようし。赤ちゃんザリガニを　大きくするぞ」
「母ザリガニのぶん、この子たちを　しっかりそだてよう」

　それから、生きものがかりのみんなは　いっしょうけんめい　かかりかつどうをはじめた。すいそうを　二つふやし、毎日　みずかえをした。また、えさのりょうやしゅるいをかんがえて大切にそだてた。休みの日には、こうたいで　家にもってかえり　おせわをした。

　そして、今では、1ぴっきもしぬことなく　赤ちゃんザリガニは　子どもザリガニに　大きくせいちょうしている。
「母ザリガニさん。あなたがうんだ子は、ずいぶん大きくなりましたよ」
　そう心の中でつぶやいた。

（文：竹井秀文）

9 中学年　内容項目 A－(3) 節度，節制
教材名：目覚まし時計

柳沼良太の"ココ"がおススメ！

　基本的な生活習慣を身につけることの大切さは誰もが理解しているが，意外にできないものである。この授業では，自分の中の惰眠をむさぼりたい心と節度ある生活をしようとする心の葛藤に悩む問題を取り上げている。単に「早起きをせよ」と指導するのではなく，それを身につけるためにどうすればよいかを技能面から考えているところが有意義である。終末での自己評価にスケーリングを用いているところも興味深い。

―◆本時の問題解決的な学習のポイント◆―――――――――――――

❶子どもたちが自分事としてとらえられる，小さな問題を扱う

　問題解決的な学習の道徳授業では，子どもたちが問題について本音で話し合うことで道徳的価値の理解を深めていく。そのためには，授業で扱う問題が，子どもたちにとって自分事だととらえられるような問題であることが好ましい。そこで，ここでは，「自分で決めた早起きの習慣を，今日1日だけやぶるかどうか」という問題を扱うことにした。自分で自分のことを行えるようになってきた中学年の子どもたちが直面する身近な問題について，対処の仕方やその理由について話し合わせる。その中で，様々な考えにふれることで，節度・節制についての理解を深めさせる。

❷教材の状況をとらえさせ，登場人物の心情に共感させる

　問題解決的な学習だからといって，ただ，問題になっている事実のみをあげ，解決策を話し合うだけでは，話し合いは深まらない。そこに至るまでの経緯やその原因となる人物の心情まで含めて問題を把握させることが大切である。ここでは，規則正しい生活をしようと決めたとき，守ることができてほめられているとき，夜ふかしをして後悔しているときの主人公の心情を子どもたちに考えさせた。また，その際に，同じような経験はないか，そのときに自分はどう感じたのかについても尋ね，主人公の立場について共感的に理解させることで，教材の問題を自分事としてとらえられるようにした。

◆指導案◆

（1） 主題名　きちんとするということ
（2） 教材名　「目覚まし時計」（出典：『きみがいちばんひかるとき４年』光村図書）
（3） ねらい・基本的な生活習慣を身につけることの意義を理解し，それを実践するためにどうすればよいかを判断できる。
（4） 展開の大要

	学習活動	ねらいにせまる手立て	子どもの反応
導入	1　ねらいとする道徳的価値を示す。 2　ねらいとする道徳的価値についての課題意識をもたせる。	○「普段，どんなときに『きちんとしなさい』と言われるか」 ○「きちんとしてないと，本当にいけないのか」 ・「きちんとする」ということについて考える。	・休日の生活がだらしないと注意されたと答えた。 ・大人になったときに恥ずかしいからなどと答えた。
展開前段	3　教材の内容と登場人物の立場について把握する。 4　解決すべき道徳的問題を見つける。 5　解決策を構想し吟味する。	・問題にかかわる人物の立場について考えさせる。また，同じような経験があれば，そのときに感じたことも聞く。 ○「誰がどんなことで困っているのか」 ・ワークシートに，自分だったらどのように対処するかと，その理由を書かせて発表させる。	・各場面の主人公が困っている様子や，自分の経験について答えていた。 ・早起きのきまりを守るか迷っていると答えた。 ・親が起こすまで寝る，無理しても早起きする，の二つに分かれた。
展開後段	6　展開前段でもった考えをとらえ直す。	・話し合いを通して，「きちんとする」ことに対して思ったことをワークシートに書かせて発表させる。	・節度ある生活の意義や，その難しさ，そして，考え方の違いについて意見を述べていた。
終末	7　本時の活動を振り返り，今後の課題を明らかにする。	・「きちんとする」ということを自分がどのくらいできているか，点数化して評価させる。 ・1点上げるための具体的な行動をワークシートに書かせて発表させる。	・自分の生活を踏まえて，点数をつけていた。 ・具体的に気をつけたいことを書いて発表していた。

（5）　評価・基本的な生活習慣を身につけることの意義を理解するとともに，今後の生活でどう生かすことができるかを考え判断することができたか。

◆授業の実際◆

教材の概要 主人公は，進級祝いとして目覚まし時計をもらう。それをきっかけに自分で生活のきまりをつくり，しばらくは規則正しい生活を送っていたが，ある夜，テレビ番組に夢中になってしまい，つい夜ふかしをしてしまう。翌朝，いつものように起きることができずに，眠気をこらえながら学校に行くが，体調をくずして保健室に運ばれてしまう。

❶導入

まず，どんなときに「きちんとしなさい」と言われるのか尋ねた。子どもたちからは，朝，なかなか起きられないときや，休日にだらだらと過ごしているときに，親から注意されると返ってきた。

また，そうやって注意されたとき，どう思うかについても尋ねた。このときの反応は子どもによって様々であり，自分が悪いからと素直に反省する子もいれば，うるさいと迷惑に感じている子もいた。みんなが自分と異なる考えをもっていることに，驚いたり，不思議に感じたりしている様子であった。

次に，子どもたちに，どうしてきちんとしなければいけないのだろうと尋ねた。子どもたちからは，節度のある生活をすることの意義について，はっきりとした答えは返ってこなかった。

そこで，子どもたちが疑問に感じていることを受けるかたちで，今日の授業を通して「きちんとすること」について考えようという目標を提示した。

❷展開

教材は，「目覚まし時計」の最後，つい，夜ふかしをしてしまって翌朝目覚めるところでカットしたものを提示した。教師が読み聞かせした後に，目標を立てたとき，早起きしてほめられたとき，夜ふかしをした翌朝の主人公の行動を考えさせた。また，子どもたちが同じような経験をしたときのことも発表させた。早寝早起きの目標を立てたものの，できなかった子は多数いて，主人公の立場に共感する子は多かった。

自分で決めたきまりを守りたいが，夜ふかしをしたために起きられそうにない，という状況に主人公がおかれていることを確認したうえで，自分ならその問題にどのように対処するかと，その理由をワークシートに記述させてから発表させた。意見は，大きく分けると「親が起こすまで寝る」と「無理してでも早起きする」の二つに分かれた。前者の理由としては，「睡眠不足のつらさには耐えられない」「多少遅くなっても健康が大事」「明日また頑張ればいい」「そもそも夜ふかししたのが原因なので，今さら手遅れである」などがあげられた。後者の理由としては，「自分で起きるのが大切であり，起こしてもらえる保障

62

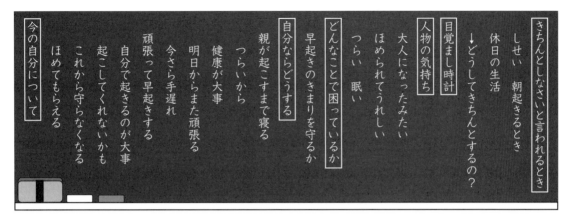

もない」「一度きまりをやぶると，これからもやぶるようになる」「早起きをして周りから認められる方が大事」などがあげられた。

その後，あげられた意見を振り返り，節度ある生活をすることの意義と，それを実現できない要因を確認させた。そして，これらを踏まえて「きちんとすること」について自分が思ったことをワークシートに書いて発表させた。子どもたちからは節度ある生活の価値や難しさについて様々な意見があげられたが，「早起きそのものが大切だという子もいれば，自分で行うことが大切だという子もいて，なるほどと思った」というような，価値に対する考え方の違いに着目した意見を発表する子もいた。

❸終末

初めに，本時の授業で扱った「きちんとする」ということについて，自分がどのくらいできているのかを10点満点のスケーリングで自己評価させた。本時の内容が早寝早起きにかかわるものだったため，その視点で評価する子が多かったが，中には自分で自分の生活を管理することができているかを評価している子もいた。

最後に，あと１点上げるため，または今後も満点を続けるために，必要なことを具体的に考えて発表させた。子どもたちからは，「自分で起きられるようにしたい」「夜の寝る時間をきちんと決めたい」「親から注意される前に自分から寝るようにしたい」などといった前向きな意見があげられた。

(水野　晋吾)

10 中学年 内容項目A−(5)希望と勇気
教材名:思いきって言ったらどうなるの?

柳沼良太の"ココ"がおススメ!

　対人関係の問題は子どもたちにとって最も悩ましいものだが,それを解決できたら,最も興味深く有意義なものとなるだろう。この授業では,友達をフェスティバルに「誘う」「誘わない」で悩むことになるが,これは単なる遊びで片づけられず,いじめの芽につながる深刻な内容になっている。その問題を解決するために,「勇気をもつこと」の大切さを深く考えていく展開が実効性を高めている。

―◆本時の問題解決的な学習のポイント◆―

❶生活場面に照らし合わせて考えさせる

　読後に考えたい問題として「さとみを誘うべきか?」という問いが子どもから出された。これは,子どもが進んで考えた問題と言えるが,まだ,子ども自身の問題とは言えず,教材にある他人事の問題である。授業で扱う問題を子ども自らがいかに自分事として考えられるかが,問題解決的な学習になるか否かの分かれ目だと考える。

　授業では,さとみがどんな気持ちで考え,行動していたのかをイメージしながら話し合う。「誘わない」ことがどんな影響を生むのか想像することで,「勇気とは何か?」という二つ目の問題が見えてきた。つまり,子どもがさとみの行動を自らの生活場面に照らし合わせて具体的に思い描くことが,問題と自分との結びつきを生んだのである。

❷黒板に勇気の「壁」を示す

　「勇気」という漠然とした価値内容について,教材を通してより具体的な場面で考えていく。より具体的にするために,子どもの意見を書きながら,黒板に勇気の「壁」を示し,この壁をどう乗り越えるのかを話し合っていった。

　また,授業の最後には,「勇気とは何か?」を話し合った内容をヒントとし,字数を100字程度に決めて書かせることで,自分の考える「勇気」への思いをよりはっきりとさせ,今後の生活へと生かす意欲をもたせた。

◆指導案◆

(1) **主題名** 勇気をもって
(2) **教材名** 「思いきって言ったらどうなるの？」（出典：『ゆたかな心　新しい道徳3』光文書院）
(3) **ねらい**・友人を誘うか否か悩むという問題を考えることで，よりよい自分になろうと考え，勇気をもって行動しようとする大切さに気づく。
・「勇気ある行動」とは，日常の生活場面でも問われる身近なことであることに気づき，「勇気」について自分の考えをもつことができる。

(4) **展開の大要**

	学習活動	ねらいにせまる手立て	子どもの反応
導入	1　「勇気」を生活の中で考える。	・ねらいとする価値内容を理解するために具体的な生活体験を問いかける。	・フェンシングの試合で強い相手と当たり，勇気を出した。 ・災害で人を助けるとき。
展開	2　教材を読み，問題を見つけ，話し合う。 ・教材への疑問から問題1をつくる。 ・話し合った内容から問題2をつくり，話し合う中で，自分の考えをつくっていく。	・結論のない身近な題材の教材を読ませ，感想を聞きながら，まず考える問題をつくっていく。 ○「誰を誘えばいいのだろうか？」 ・「誘う」「誘わない」を紅白帽ではっきりと示しながら，話し合う。 ・立場を黒板の左右に書き分け，意見を対比させ考えさせていく。 ○「勇気はどうやってもつのだろうか？」 ・二つの立場の共通点である「正しさ」から問題2をかたちにする。 ・勇気を出すとよいことを探していき，価値への意欲を高めていく。	・どうしたらいいのかな？ ・誘った方がいいよ。 ・2人にケンカさせたくないから，誘わない。 ・誘って，2人を仲良くさせたい。 ・誘わないのは，いじめの始まりだ。 ・いじめる人には，なりたくない。 ・でも，仕返しが恐い。 ・あやに正しいことをしようと訴える。 ・新しい友達ができるかも。
終末	3　今日の学習を振り返り，自分の考えをまとめる。	・授業を黒板を使い振り返りながら，導入で出た具体的な生活場面に結びつけ，勇気をもつ大切さに気づかせる。	・誘う勇気も，勝とうという勇気も同じ。もつことで，自分に力がつくはず。 ・緊張に勝つ勇気をもちたい。

(5) **評価**・「勇気」の大切さに気づき，具体的な生活場面の中でも勇気をもって行動しようという意欲が高まったか。

◆授業の実際◆

教材の概要 ともこは，同級生のあやと仲がよい。ある日あやから「フェスティバルに行かない？」と誘われるが，「生意気なさとみは誘わないで！」と言われる。その後，あやにも思ったことが言えず，さとみにも声をかけづらい日々が続く。ある放課後，さとみから「私も行きたい」言われる。ともこは自分が試されているような気がする。

❶導入

まず，「勇気が必要だと思ったときは，どんなときか？」と具体的に問いかけた。すると，多くの子どもたちは，次のような場面で，勇気がほしいと話していた。

「運動会，緊張に負けずに頑張りたいとき」「英語や漢字などの試験を受けるとき」「土砂崩れなどで人の命を救うとき」「フェンシングで，強い相手と当たったとき」といった発言の中で，フェンシングを取り出し，「もし相手が強くなかったらどうか？」と問い返すことで，自分の目標やよりよくなろうとするときにある壁を意識づけておく。「相手が弱ければ，緊張もないけど，それじゃ強くなれないよ」「サッカーも同じだよ」などの意見が交わされた。

❷展開

教材を範読し，「何を考えたらよいか？」と大きく問いかける。すると……。
C：「どちらの言うことをきくか？」というか，「誰を誘えばいいのか？」を考えればいい！
T：「さとみを誘うかどうか？」ということ？
C：「そうそう」（多数うなずく）。

このように最初の問題ができあがった。ここから，紅白帽をかぶらせ，「誘う」は赤，「誘わない」は白を示させ，話し合いに入った。

【白（誘わない）】
C１：あやとさとみが来て，ケンカになるから。
C２：ケンカすると周りの大人にも迷惑になる。
C３：誘ってくれたのはあやだから，言う通りにする。
【赤（誘う）】
C４：三角関係なので，さとみさんを誘って，あやさんとさとみさんを仲良くさせたい。
C５：ともこはさとみを嫌いではないしね。
C６：後から仕返しされるのも怖いな！

　ここは教材を読み，「？」という思いから出された感想なので，それぞれが意見を出し合うだけで，ぶつかり合う話題は出されていない。どちらも「それはわかるよ。でも○○の方がよくないかな」というつながりでしかない。だが，ある子の意見から話題に変化が見られた。
C：理由があっても，さとみだけ誘わないのは，いじめの始まりになってしまうでしょ。クラスでもよく話しているように，1対1ではなく，みんなである子を誘わないことになるよ。
　この「いじめ」という言葉が多くの子に響いたようだ。「仲良くしていきたい」とか「○○に悪いよ」という軽い話題が，「正しいことをしよう」という「正義」「よりよい自分」へと広がり始めた。そして，「誘わなきゃ」というムードがまだ軽い気持ちからでき始める。そこで，教師が問い返しながら，話題を整理していく。
T：そうか，正しいとわかっているなら，誘えばいいね。誘う！という結論にしようよ！
C：そう（中に，「だけど……」と首をかしげる子もいる）。
T：最初，無理に誘って，ケンカになって周りに迷惑になるという人もいたけれど，周りの大人が我慢してくれれば問題ないのかな？
C：そうじゃない。誘わないのは，いじめにつながるから，だめなんだよ。
C：でも，誘わない。さとみを誘うと，あやに仕返しされるかもしれないから！
　教室の中に，新たな「モヤモヤ」がわきあがってきた。「行動」から「価値」へと問題を変化させる場面となった。つまり，「いじめのスタートになる。でも，誘うのには怖さがある！どうしようか」が課題となり，「勇気をもつにはどうするのか」という新しい問題がわかってきた。この後は，「勇気を出し誘ったら」起こるよいことを出し合っていった。積極的な解決方法や考えが出されていった。

❸終末

　話し合いで出された「勇気を出すとよいこと」を生活場面に照らしていった。最後に，「勇気とは？」という題で100字程度でまとめさせた。授業で考えをふくらませたら，それを整理することで考えがはっきりする。多くの子が，生活の中での勇気を考えていた。　　（星　直樹）

11 中学年 内容項目 B−(6)親切, 思いやり
教材名：やさしさのタネ

柳沼良太の"ココ"がおススメ！

　子どもでも，人に優しくするべきなのはすでにわかっているが，それを実践するのはなかなか難しいものである。そこで，『やさしさのタネ』を読みながら，「どうすれば優しくなれるのか」「なぜ優しさを大きくしたいのか」などを多面的・多角的に考え議論する展開になっている。こうした考えを深めることで，親切や思いやりの意味が根本からわかるようになり，今後の日常生活でも生かされていくだろう。

◆本時の問題解決的な学習のポイント◆

❶子どもに親しみやすい童話を活用する

　道徳授業は，何か新しい知識を学ぶ場ではない。もうすでに知っている価値内容を自分の心に照らして見つめる時間である。本実践では，『やさしさのタネ』という絵本を扱った。絵本は，文字と絵があるので，子どもたちはとても親しみやすい。

　童話の世界に入っていく子どもたちに，「優しさは，誰にでもあるのだろうか？」という疑問を投げかけ，みんなで考える問題をつくっていった。その際，導入で聞いた子どもたちの体験談を用いて，人を思いやる難しさと大切さに気づかせていった。誰もが優しくありたいと願うのはなぜか？　それを窓として自己の心を見つめていく。

❷体験談を織り交ぜ，実践につなげる

　「優しさは育てやすいのか？」という問題から「なぜ優しさを大きくしたいと思うのか？」という自分に近い問題へと話題を変化させ，「思いやる心」について考えていった。価値内容が生活ととても近いので，体験談を織り交ぜ，実践へとつなげていく。授業後に，絵本の終わりにある「タネを分ける」ということについて，家でも考えさせることで，自分のこれからの生活につながるように工夫した。

◆指導案◆

（1）**主題名** やさしさを見つめよう
（2）**教材名** 『やさしさのタネ』（おぐろよしこ作　復刊ドットコム）
（3）**ねらい**・「優しさが必要なわけ」を考え，「優しい人でありたい」と願う自分を見つけ，生活の中で相手を思いやり，親切にしようとする意欲を高める。
（4）**展開の大要**

	学習活動	ねらいにせまる手立て	子どもの反応
導入	1　「優しくする」ことの難しさに気づき，学習へのかまえをつくる。	・ねらいとする価値内容への関心を引き出すために，具体的な生活体験を問いかける。	・妹に「遊ぼう」と言われ，「嫌」とつい言ってしまった。 ・キャッチボールで調子にのり，弟につい強く投げてしまった。
展開	2　教材を読み，問題を見つけ，話し合う。 ・教材への疑問から問題1をつくる。 ・話し合った内容から問題2をつくり，話し合う中で，自分の考えをつくっていく。	・教材を読んだ感想と体験とのズレから問題づくりをする。 ○「『やさしさのタネ』はどう育てていくのか？」 ・「だいたい育てられる」という教材の言葉と経験を比べ，優しくあることの難しさに気づき，優しい心を大きくする方法（タネの育て方）を話し合う。 ○「なぜ『優しい心』を，大きくしたいと思うのか？」 ・「やさしさのタネの育て方」を熱心に考えた自分を振り返らせ，「優しさ」が自分に必要な理由を考えさせる。 ・優しさを自分の生活から見つめることで，自らの心が欲していることに気づかせる。	・「やさしさのタネ」はすぐ育つというけれど，そうできずにケンカになることがある。 ・相手を見て気持ちを考える。 ・「優しくしよう」といつも思っているとできるようになるので，タネは育ち，大きくなる。 ・失敗したら心から謝れば優しさが増える。 ・人に優しくしていれば，自分もきっと優しくされ，思いやってもらえるから。 ・優しくしようと努力するとよい友達ができるから。 ・優しくという気持ちをもたず，努力しないと心がスッキリとしない。
終末	3　今日の学習を振り返り，自分の考えをまとめる。	・「優しさを分けてあげよう」と思った理由をワークシートにまとめ，生活と結びつけ，実践への意欲を高める。	・家でもう一度授業を思い返させることで生活との接点をふやしたい。

（5）**評価**・「人に優しくしたい」という願いが自分の中にあることに気づき，相手を思いやり，親切にしようという気持ちが高まったか。

◆授業の実際◆

教材の概要 街はずれに「タネ屋」が開店する。そこでは，「噂のタネ」や「悩みのタネ」など色々なタネを売っている。「やさしさのタネ」を勧められ買った男の子が，そのタネを大事に育て，やがて採れたタネを「みんなに分けよう」と空に飛ばすという話である。

❶導入

授業の初めに，「つい意地悪してしまったことは？」と尋ねてみた。
C：妹が「遊んで」と言ってきたけど，忙しくて「だめ」って言っちゃったの。
C：弟とキャッチボールをしていたとき，「大きく投げて」というから強く投げたら泣いちゃった！
C：弟と戦いごっこをしていて，つい強くたたいてしまった！
という「つい」のできごとがいくつも出た。短時間で黒板に書きとめ，範読に入った。後にこの経験談が話題をつくるきっかけとなった。

❷展開

絵本を読んだ後，勝手に育ってしまうタネとして，「噂」「悩み」があることを押さえる。また，勉強が必要で，育てるのが難しいタネとして「賢さ」も板書する。この確認をした後，「やさしさのタネは，育てやすいか」と問いかけた。すると，半数程度の子が，「育てやすいよ」とつぶやいた。ここでは，まだ課題はなく，教師の提示を受け止めているのみである。そこで，最初に尋ねた「意地悪話」に注目させる。
T：そうかな？　だってこれを見てごらんよ（板書を指す）。
C：あっ，難しいね。
T：そう！　優しくしていればよかった！という後悔話だからね。どう！
C：うーん（子どもたちは一気に静まった）。

ここが問題の出しどころである。子どもたちが，本の内容に疑問をもったからだ。教師から「今日考える話題は，『優しさは育てやすいのか？』だね」と提示する。子どもたちも「どうしよう」という表情である。子どもの顔の曇りが表しているように，難しい課題だけに挙手もない。しばらく待つとひとりの子が発言し始めた。
C：「優しくしよう」と普段から思っているといいよ。だって，ついケンカもしちゃうでしょ。いつも心に優しさをもっていると，きっとケンカも少なくなる。

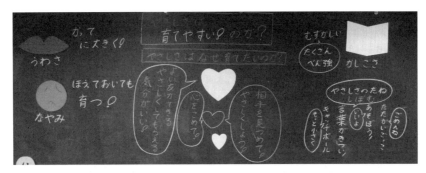

　この発言が考えるヒントになったようだ。いくつかの発言が続く。「相手をよく見て、その人のことを考えるといい」、「もしケンカになったら、心から謝れば許してくれる。そして、優しくなれるよ」「いつも優しい人になろうと思っていることが大事」。子どもたちは友達の発言を聞き、教師から提示された問題をイメージしていく。今の子どもの問題は、「どうしたらケンカをしなくなるか」になってきた。そこで、話を整理した。

T：今日はたくさんの意見が聞けたね。でも、考えたことは？
C：やさしさのタネは、どう育てるのか？ということ！（周りうなずく）
T：そうだね。でも、ここで問題が変わってきたよ！　こんなに一生懸命に「優しさ」を大きくしようとしてきたね。なぜ、みんなは「優しさ」を大きくしたいと思うのかな？

　言いたい！という表情が見えるので、まずペアで相談させ、その後に発言させた。個々で思いついた考えを少しでも共有したいからである。

C：優しくしていると、自分だって優しくされるよ！
C：ぼくたちも似ているよ。優しくされたい！　優しくするのは友達でしょ！　だから、きっとよい友達がたくさんできるんだよ！　だから、優しくなりたい！
C：私たちは、ケンカのときなんか話をしてね。そういうときに謝れないと心がスッキリしない！という話になったの。だから、優しくならないと、いつも心がスッキリしないから！

　子どもたちは、自己の経験を思い浮かべながら、「思いやり」の大切さを見つめていた。授業のねらいがより鮮明になったようだ。

❸終末

　最後に、「優しい心」の大切さとそうなりたいという自分がいることをまとめ、今後の生活につなげていった。この物語の最後は、主人公の男の子が、「育てたタネを分けてあげよう」と決めるが、「自分はこれからどうするか」についてまとめることにした。時間が足りないので、残りは宿題とした。宿題は難しくなると保護者と相談しながら考える子も多い。この日も、この宿題を話題に、思いやる心について家で考える子もいるだろう。そういう余韻が、心の糧となり、行動の指針づくりにつながることもあるだろう。

（星　直樹）

12 中学年 内容項目 B−(9)友情，信頼
教材名：絵はがきと切手

柳沼良太の"ココ"がおススメ！

　友達の間違いを指摘することは，意外に難しい。この教材では，相手を思いやって「何も言わない」という考え方と「きちんと伝えるべき」というきびしい考え方が対立している。こうした葛藤場面において「お互いがよりよく生活するためにはどうすればよいか」を考え議論している点で，問題解決的な学習のお手本のような展開である。後半では，ロールレタリングで主人公の立場から友達に手紙を具体的に書くことで，日常の行為にも結びつきやすくしている。

◆本時の問題解決的な学習のポイント◆

❶対立する考えから解決策を生み出す

　友達と互いによく理解し，信頼し，助け合うためには，相手とのよりよい関係のあり方について考えることが大切である。

　本授業「絵はがきと切手」では，子どもから出された考えをもとに問題をつくり話し合いを進めていく。「互いによりよく生きていくためには，どのようなことが大切なのか」また「どのような行動をとることが，お互いのよりよい今後につながっていくのか」という視点をもとに，話し合いを進めていく。本教材では，兄と母の友達に対する考え方の違いについて話し合うことが道徳的価値をとらえるうえで重要となる。その後，自分だったらどのようにするかを考え，互いに理解し，信頼し合うからこそ生まれる解決策を，全体で共有していきたい。

❷グループから全体へ

　問題をつくるにあたっては，「自分が気になるところや疑問に思うこと」について自由に伝え合う時間や場を設定する。少人数のグループになり，友達の多様な考え方にふれながら，本時の問題を考えていく。

　その後，全体でその問題を共有し，子どもの思いと教師の思いを重ねたうえで問題を考える。本時のねらいとする道徳的価値の理解を深める問題や問いであることを常に意識していきたい。

◆指導案◆

(1) **主題名** 相手のことを考えて
(2) **教材名** 「絵はがきと切手」(出典:『4年生のどうとく』文溪堂)
(3) **ねらい**・友達について考えることを通して,互いに理解し信頼することの大切さに気づき,相手のことを考えて行動に移そうとする。
　　　　　・友達を理解し,信頼することについて,自分の考えをもつことができる。
(4) **展開の大要**

	学習活動	ねらいにせまる手立て	子どもの反応
導入	1 「友情」を生活の中で考える。	・ねらいとする価値内容を理解するために,具体的な生活体験を問いかける。	・友達は,一緒にいて楽しい。 ・いつも遊んでくれる。
展開	2 教材を読み,問題を考え話し合う。	・自分が友達の考えを聞きたいところ,全体で話し合いたいところを問う。そして,全体での問題をつくる。 ○「ここでは何が問題になっているか」 ○「兄と母の考えはどのように違うのか」 ・兄と母の考える「友達」について,話し合う。	・兄は「友達なら教えることが大切」という考え方であり,母は「友達だから,お礼だけを伝えるのでよい」という考え方である。 ・どちらの考えも自分の中にある。どちらがよいのだろう。
	3 自分はどのような行動をするかを考える。	○「自分だったら,どうするか」 ・それぞれのよさを生かしながら,友達を大切にするには,自分だったらどうするかを考え,話し合う。 ・道徳ノートに記入する。	・優しく伝えたり,直接会ったときに伝えたりと,相手のことを考える。 ・ロールレタリングで,ひろ子の立場で正子に手紙を書く。
終末	4 今日の学習を振り返る。	・導入で出された「友達」と考えを結びつけ,あらためて友達とよりよくかかわっていくためには何が大切かを考える。	・まずは相手の気持ちになって考えて行動することが大切。

(5) **評価**・友達とのかかわりについて,互いに理解し信頼し合うということに気づき,これからの自分たちの生活がよりよいものになるよう考えることができたか。

◆授業の実際◆

教材の概要 ひろ子は，友達の正子から料金不足の絵はがきを受け取る。「料金不足について教えてあげた方がよい」という兄と，「お礼だけにしたら」という母の考えにひろ子は悩む。そして，最終的には友達の正子に，料金不足を伝えることを決める。

❶導入

「あなたの友達は，どんな友達？」と問いかけることで，自分にとっての身近な友達を想起させる。「一緒にいて楽しい」「ケンカをしてもすぐに仲直りができる」など，中学年の子どもにとっては考えやすい発問である。ここで，本時のねらいとする道徳的価値の意識づけをする。

❷展開

教師が教材を範読後，「自分が気になるところ」「全体で話し合ってみたいと思うところ」について個々が考える時間を設定する。子どもからは「兄の言う『友達』とは何か」「ひろ子は，兄や母の考えを聞いてどんなことを考えたのか」など，教材を通しての疑問や思いがあげられた。全体で話し合った後，その内容を整理した。

【子どもから出された問題】
◇兄と母の考え方が違いについて。　　　　　　　◇ひろ子は，どうすればよかったのか。
◇自分がひろ子と同じ立場だったらどうするか。

ここでは，何を問題とし，それを解決するためにどのようなことについて話し合っていくかを考えることが大切である。「お互いがよりよく生活していくためには，どうすることがよいのか」という視点をもとに，問題を解決し，道徳的価値の理解を深めていきたい。

「兄と母の考え方の違いについて，あなたはどう思いますか」

【兄の考えについて】
C：教えてあげないとわからないままになるし，色々な人に送ってしまうかもしれない。だから，これからのためにも，お兄さんは教えた方がいいよと言ったのだと思う。
C：もらった方は，いい気持ちがしない。
C：兄は何でも教えてあげるのが友達だと思っている。いけないことはいけないと言った方がいいのだと思った。そのままにしていると，逆にその友達がかわいそう。

【母の考えについて】
C：お母さんは，正子さんとひろ子さんとの友達の関係をそのままにしたいなら，言わないようにした方がいいと思ったのではないかな。
C：お母さんの考えは，せっかく一生懸命ひろ子さんのために手紙を書いてくれたのに，それに注意するとかわいそう。だから，お礼だけ言った方がいいんじゃないかと思ったのだと思う。

どちらが正しいのかな

兄と母の考え方の違いを話し合うことを通して，子どもはどちらの考え方も自分たちの心の中にあることを感じていた。その後，ひろ子が正子との関係を今までよりよいものにするために，どうすればよいのかを話し合った。

「ひろ子さんは，どうしたらよいのでしょう」

【兄の友達についての考え】
・いけないことをしていたら教える。
・少し勇気がいるけど，頑張って言って教え合えることが友達。

【母の友達についての考え】
・悲しませないことが友達。
・傷つけないことが友達。

C：お礼だけだと，正子さんは嬉しいけど，料金を払った方はそんなに嬉しい気持ちにならない。だから，ひろ子さんはお礼を言ってから料金のことを教えてあげたら，正子さんもいけないことに気づくし，2人ともいい気持ちになる。だから伝えた方がいい。

　「正子さんに，伝えた方がよい」という子どもの発言に対して「言ったら友達関係が崩れてしまうかもしれないよ」と切り返すと，「工夫をすれば大丈夫」という答えが返ってきた。
　そして，全体でその工夫についてどのようなものがあるのかを話し合った。その結果，子どもからは「最初に『お金が足りなかったよ』と書いてしまうとそれだけが伝わってしまうから，『手紙ありがとう』の後に書けばわかってくれると思う」「相手の気持ちを考えて，もし書かない方がいいと思ったら書かない。場合による」などの発言があった。「場合による」と答えた子どもに，どのような意味かをくわしく問うと「相手がどう思うか，そのときの状況を考える。自分の考えでするのではなく，最初に相手の気持ちを考えてみて，あの子だったらどうかなって思ってどちらかを選択する」という答えが返ってきた。伝えるか伝えないかと考える前に，まず相手のことを考えて，それを受けて自分がどう判断し行動するかを考えることが大切であるとわかった。
　最後に，「自分がひろ子と同じ立場だったらどうしますか」と問い，ロールレタリングをして道徳ノートに書かせた。子どもからは，様々な前向きなコメントが見られた。

❸終末

　「お互いがよりよく生活していくためには，どうすることがよいのか」という視点をもとに，ひろ子と正子の友達としての対応について話し合った。その結果，相手の気持ちを考えて行動することが大切であることを子どもは感じることができた。友達のことを大切にする思いや行為は多様に考えることができる。本授業を通して，そのことについて問題意識をもって話し合い，気づくことができる展開を大切にしたい。

（鈴木　芽吹）

13 中学年 内容項目C－(12)公正，公平，社会正義
教材名：さかなクン「広い海へ出てみよう」

柳沼良太の"ココ"がおススメ！

いじめに関する2時間構成の授業である。1時間目は，さかなクンの書いた記事を読んで，いじめの問題を魚の世界と関連づけながら考える。その中で「なぜ，いじめは起きるのか」という問いが生まれ，2時間目はそこから「いじめはなくなるのか」と話し合いが広がる。こうした下準備をしたうえで，「（いじめがあれば）どうしたらよいか」「これからどうしていくか」という現実的な問題解決に向かう。問題の根本から解決・行動まで考えられる授業である。

◆本時の問題解決的な学習のポイント◆

❶2時間扱いでいじめを取り上げる

教材を通して，「いじめ」について考える。第1時に新聞記事を通して，いじめへの問題意識をもち，第2時に問題について話し合う。子ども一人ひとりがじっくりと「いじめ」について向き合うことで，自分の思いや考えがたしかなものになる。

第1時では，教材を通して感じたり考えたりしたことを，全員が発言し，全体で共有する。第2時では，「いじめはなぜ起きるのか」という前時に出された子どもの思いから，さらに「いじめは，なくすことができるのか」「今後，自分たちはこの社会の中でどのように生きていくのか」などについて話し合い，比較検討しながら「いじめ」について色々な角度から考えていく。このような話し合いを通して，これからもよりよく生きていこうとする気持ちを高めていきたい。

❷ネームプレートで意見を明確にする

自分の考えをもち，それを全体に伝えるために，ネームプレートを活用した。その場所に貼った根拠を伝えることで，子どもは自分の思いをたしかなものにすることができ，さらに自分とは異なる考えを聞くことで，考えを広げることができる。

◆指導案◆

(1) 主題名　いじめについて考える
(2) 教材名　さかなクン「広い海へ出てみよう」(出典：朝日新聞2006年12月2日掲載)
(3) ねらい・いじめの原因を考え，これからの生き方を話し合うことを通して，よりよく生きていこうとする態度を育てる。
　　　　・誰に対してもわけへだてをしない，公正，公平な態度の大切さを知る。
(4) 展開の大要

		学習活動	ねらいにせまる手立て	子どもの反応
第1時	導入	1　「さかなクン」について知っていることを伝え合う。	・写真を見せて紹介する。	・魚についてよく知っている人。魚の絵が上手。
	展開	2　教材を読み，問題を見つけ，全体で話し合う。	・自分が友達の考えを聞きたいところ，全体で話し合いたいところを問う。そして，全体での問題をつくる。 ・子どもの考えを板書上で整理し，色々な視点があることに気づかせる。	・なぜ，魚の世界も人間の世界もいじめが起きるのだろう。 ・いじめはどうして次から次へと起きるのか。
	終末	3　今日の学習を振り返る。	・次時で話し合うことを伝える。	

		学習活動	ねらいにせまる手立て	子どもの反応
第2時	導入	1　前時の流れを確認する。	・自分たちが考える問題についてたしかめる。	
	展開	2　問題について，全体で話し合う。	なぜ，いじめは起きるのか ・いじめの原因やいじめをなくすために大切なことについて，自分の考えを伝え合わせる。 いじめはなくなるのだろうか ・ネームプレートを貼らせ，自分の立場を明確にさせる。 自分たちはこれから どのように生活していくか ・これから先，自分たちはどのような思いで生活をしていくかを考え，ノートに書かせる。	・自分よりも弱い立場と思う人がいるといじめが起きる。 ・なくなる理由は，強い心をもつこと。 ・なくならない理由は，いじめることで自分の気持ちを落ちつかせている。 ・自分を大切に，相手を大切にして過ごしていきたい。
	終末	3　今日の学習のまとめをする。	・子どもの思いを紹介する。	

(5) 評価・いじめについて考え，よりよく生きていくために自分の考えをもつことができたか。これからの生活に生かそうとする意欲を高めることができたか。

◆授業の実際◆

❶導入（第1時）

さかなクンの写真を見せ，教材への興味関心を高める。

❷展開（第1時）

教材を読み終えた後，今の自分が思うことや考えること，また気になる疑問などをノートに書く時間を設定した。その後，クラスの全員が自分の思いを伝え，板書で整理をした。最終的に子どもの共通する思いとしていじめが起こる原因があげられたため，全体の問題とした。

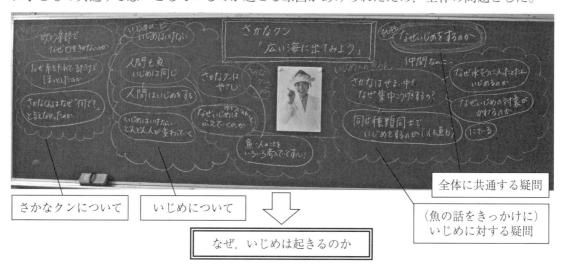

❸終末（第1時）

子どもは，様々な視点からさかなクンの話について感じ考えていた。そして，全体に共通する問題について，次の時間に話し合うことを確認した。

❹導入（第2時）

前時を振り返り，問題をたしかめる。

❺展開（第2時）

「いじめ」がある現実，そしてそのいじめはくり返されていることに，子どもは前時の教材を通して気づくことができた。いじめの原因について，全体で話し合いを進めた。

C：いじめは，自分より弱いものをいじめる。自分の方が強いという思いがある。
　（→「弱いもの」……「自分より年が下の人」「力が弱い」「猫とか犬とか自分には逆らえないもの」「自分よりも少しでも小さかったり弱かったりするもの」）
C：初めはふざけるつもりでやっていてもどんどん悪くなっていく。いくら同じくらいの背や大きさ強さでも，仲間が集まるともっと強くなるから，その集団がするといじめになる。
C：ストレスがあり，いじめる人にとっていじめをするとスカッとする。いじめている人が自分の思いをぶつけて，そのいじめられている人の気持ちを悪くして，自分の気持ちを落ちつかせる。

　いじめの原因を考えると，人間の感情的な部分が大きいことがわかる。また，その感情は人によって異なる。果たして，この世の中からいじめをなくすことができるのだろうか。新たな問い「いじめはなくなるのか」が話し合いの中から生まれてきた。

　いじめはなくなるものなのか，それともなくならないのか。自分の立場を明確に示すために，ネームプレートを黒板に貼らせた。そして，その場所に貼った理由を個々に聞き，子どものいじめに対する考え方を全体で共有した。

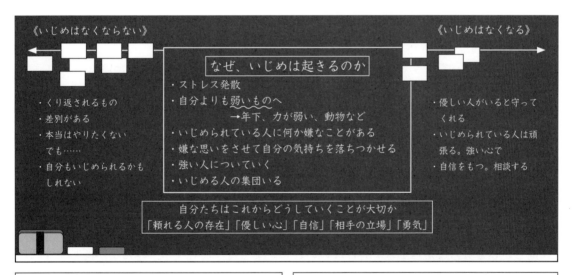

【いじめはなくならない】
C：いじめる人が出たらいじめられる人が生まれる。いじめられる人も誰かに嫌な思いをさせたいと思ってくり返すからなくならない。
C：一人ひとり顔が違うように，みんな違うことから差別がある。だからなくならない。
C：強い人がいる。弱い人は強い人についていく。いじめていても自分もいじめられたくないからいじめてしまう。
C：いじめは，私たちが生まれていないころからある。なくなるものではないのでは。

【いじめはなくなる】
C：優しい人がひとりでもいれば見て見ぬふりをするわけではないから，絶対に守ってくれる。
C：いじめられた人が努力して，いじめられないようにする。強い心をもつ。
C：もしいじめる人が少しでもいたら，優しい人が守る。いじめる人をみんなでやめさせようと思って伝え，それを続けていけばいじめはなくなると思う。
C：いじめがいけないと伝えて，それをわかってもらえたら，いじめをやらなくなるのではないかな。

話し合いを進める中で，子どもはそれぞれの思いや考えに対し理解を示していた。では，実際に自分たちはどうしたらよいのか，今までの話し合いを受け全体で考えた。
C：いじめる人がいなくなっても，またいじめる人が生まれる。自信をもって先生とかに言うことが大切だと思う。そうすると，他の仲間もいなくなるだろうし，いじめはなくなる。
C：クラス中のみんなが「それはいけない」って責めたら，それはまたある意味でもいじめになるのではないかな。言われた人がいじめだと感じたらそれはいじめだと思う。
T：言い方にもよるのかな。
C：いけないことは，いけないって伝えることが大切。
C：いけないと思っていじめをしようと思った人に強く言うのではなくて，わかるように伝えていけばいいのではないかな。

　「いじめ」問題は，常に私たちの生活の中に存在するものである。だからこそ，自分たちが置かれている環境や社会の状況の中で，子どもがどのようにそれらを受け止め，自分の力で生きていくかが問われる。最後に，これから自分はどのように生きていきたいか（生活していきたいか）を考え，道徳ノートに記入した。
　子どもからは，
「少し難しいかもしれないけど，自分が優しく勇気があることが大切だと思います。注意できればいじめていた人も優しくなれるからです」
「頼れる人をもって生きていく。親とか先生，安心できる存在を大切にしたい」
「私は，どんなに嫌なことをされたり，『やれ』と言われたりしても『やだ』『やめて』と言って，できるところまでいじめを減らしたいと思います」
「これからは周りにもっと目を向けて，何をすればよくなるのか（全体と友達が）を考えて過ごしていこうと思います」
「自信をもっていくことが大切だと思います。理由は，自分が自信をもって堂々としていけば，上の人からの弱いものいじめもなくなるし，みんなが自信をもてばいじめもなくなると思います」
「優しい心をもちながら生きていけばいいと思いました。なぜなら，みんなが優しくなればきっといじめなんて起きないと思います」
といった声が見られた。

❻まとめ

　「いじめ」問題と向き合い，今の自分には何ができるのか，どのように生活をしていくことが大切かを考えることは，これからの生き方にもつながるものである。今の子どもの思いを大切にしたい。

（鈴木　芽吹）

いじめられている君へ
さかなクン「広い海へ出てみよう」

　中１のとき，吹奏楽部で一緒だった友人に，だれも口をきかなくなったときがありました。いばっていた先輩が３年になったとたん，無視されたこともありました。突然のことで，わけはわかりませんでした。

　でも，さかなの世界と似ていました。たとえばメジナは海の中で仲良く群れて泳いでいます。せまい水槽に一緒に入れたら，１匹を仲間はずれにして攻撃し始めたのです。けがしてかわいそうで，そのさかなを別の水槽に入れました。すると残ったメジナは別の１匹をいじめ始めました。助け出しても，また次のいじめられっ子が出てきます。いじめっ子を水槽から出しても新たないじめっ子があらわれます。

　広い海の中ならこんなことはないのに，小さな世界に閉じこめると，なぜかいじめが始まるのです。同じ場所にすみ，同じエサを食べる，同じ種類同士です。

　中学時代のいじめも，小さな部活動でおきました。ぼくは，いじめる子たちに「なんで？」ときけませんでした。でも仲間はずれにされた子と，よくさかなつりに行きました。学校から離れて，海岸で一緒に糸をたれているだけで，その子はほっとした表情になっていました。話をきいてあげたり，励ましたりできなかったけれど，だれかが隣にいるだけで安心できたのかもしれません。

　ぼくは変わりものですが，大自然のなか，さかなに夢中になっていたらいやなことも忘れます。大切な友だちができる時期，小さなカゴの中でだれかをいじめたり，悩んでいたりしても楽しい思い出は残りません。外には楽しいことがたくさんあるのにもったいないですよ。広い空の下，広い海へ出てみましょう。

（朝日新聞2006年12月２日掲載）

14 中学年 内容項目 C-(13) 公共の精神
教材名：年老いた旅人

柳沼良太の"ココ"がおススメ！

　きまりが何のためにあるのか，誰のためにあるのかを根本から考えることで，自分とのかかわりを深く理解するとともに，公共の精神も考えるきっかけになっている。罰があるからきまりを守るのではなく，互いに協力し合ってよりよい社会を築くためにきまりがあることに気づかせている点で，社会科に通じるものがある。単なる規則の尊重だけでなく，公徳心や公共の精神にも発展してくところに深い意義がある。

◆本時の問題解決的な学習のポイント◆

❶実感の伴った問いをつくることで主体性を生み出す

　子どもにとって実感の伴った問いをつくり出すために，二つの問いを用意した。一つ目は「大きなテーマ」である。これは，1単位時間を貫く学習テーマである。子どもが学習の目的を意識し，何のために教材を活用するかを考えられるように設定する。

　また，導入と終末で同様のことを問うことで，子どもに自分自身の考えにどのような変容があったかを自己評価させることができる。二つ目は「教材を中心にしたテーマ」である。これは，子どもが自ら「大きなテーマ」との関連性を意識しながら，教材の内容から問いをつくるものである。テーマを一つに集約していくために学級の中での合意形成が大切であるため，複数時間の設定が必要である。この学び方に問題解決の価値を見出し，子どもの実感を引き出していく。

❷子どもの思考を共有する場をつくることで協働的な学びを生み出す

　「大きなテーマ」に対する子ども一人ひとりの考えを付箋紙に書かせる。そして，2時間目に，子ども全員の付箋紙を1枚の用紙に貼ったものを考え合う時間を設定する。子ども一人ひとりの考えを学級全体で共有する目的がある。共有を通して生まれる，自発的な子どもの問いや発見を尊重し，協働的な学びを生み出していく。

◆指導案◆

（1） **主題名**　きまりが自分に関係あるものになるためには
（2） **教材名**　「年老いた旅人」（出典：『ゆたかなめで　どうとく4』東京書籍）
（3） **ねらい**・町や村の人々のきまりに対する向き合い方を考えることを通して，公共の場における問題を自分自身の問題としてとらえ，そのために積極的に行動していこうとする大切さに気づくことができる。
（4） 展開の大要（2時間扱い）

	学習活動	ねらいにせまる手立て	子どもの反応
導入 1時間目	1　ごみが不法投棄されている写真から問題点を探る。	・写真を提示し，子どもの問いや気づきを引き出す。	・自分さえよければいいと思って捨てている。 ・きまりを無視している。 ・自分にとってきまりは関係ないと思っている。
	大きなテーマ：きまりが自分に関係あるものになるためには，どうしたらいいか		
		・「大きなテーマ」に対する考えを書かせる。	
展開 1時間目	2　教材「年老いた旅人」を読み，教材を通した問いをつくる。	・教材を通した問いを一つに集約していくために，「大きなテーマとの関連性」や「問い同士の関連性」を子どもに意識させる。 ・教材を中心にしたテーマを子どもとともにつくりあげ，そのテーマに対する考えを書かせる。 ・教材を中心にしたテーマ：町や村のきまりは，何のためにあるのか。誰のためのきまりなのだろうか。	・どうして旅人は村に住みたいと思ったのだろうか。 ・町と村の違いは一体何だろう。
2時間目	3　子どもが教材を通して生み出した問いについて考える。	・一人ひとりの学習感想を読み合って聞いてみたいことや考えてみたいことを中心に話し合う。	・町のきまりは，人々のためになっていないと思うよ。 ・村のきまりは，人々のためになっているのかな。 ・村人は村のきまりに対してどう思っているのだろう。
終末	4　学習を通して，あらためて「大きなテーマ」について考えたことについてまとめる。	・「大きなテーマ」に対する考えを書かせる。	・きまりを厳しくするよりも，きまりの内容をもっと理解することが大切だと思うよ。 ・人ごとではなく自分のこととして考えられることが大切だと思うよ。 ・自分のことだけでなく，一緒に生活する相手のことも考えることが大切だと思うよ。

（5）　**評価**・きまりが自分に関係あるものになるためには，どうしたらいいか，自分なりの考えをもつことができたか。

◆授業の実際◆

教材の概要 年老いた老人が、くらしたい場所を求めて旅をする。最初に訪れた町は、きまりが厳しいが、ごみ一つない美しい所だった。しかし、そこに住む人々は、皆下を向いて歩いていた。次に訪れた村で、老人は村人から井戸水をもらう。一部の村人と旅人しか飲むことが許されていない井戸水のきまりを村人たちは生き生きとした表情で受け入れていた。

❶導入

ごみが不法投棄されている写真を提示した。子どもから「ごみが多い」「ごみ捨て禁止と書かれているのに捨てられている」「環境に悪い」などの声があがった。さらに、ヨシノリは「良心を無駄にしているよ。だって、ちゃんときまりを守って捨てている人に失礼だと思う」と答えた。

そこで、私は「なぜ、こういうことが起きるのだろうか」と尋ねた。すると、子どもから「ごみ捨て場が少ないから」「罰が少ないから」という意見が出た。

しかし、「ごみ捨て場をふやし、罰もふやせば、本当に解決されるのかな」と問うと、子どもは首をかしげ、「自己中心的な人が多いからかな」「誰かがやると自分もいいと思ってしまう心があるからかな」「自分にとってきまりは関係がないと思ってしまうからかな」と、人の内面に問題の視点を向けていった。「公共の精神」を考えるうえで、社会のきまりに対する向き合い方は関連する内容である。社会のきまりを他人事としてとらえ、守らないことから引き起こされる環境問題について、自分事としてとらえられるようになるためにはどうするべきか、という子どもの問いを意図的に取り上げ、「きまりが自分に関係あるものになるためには、どうしたらいいか」を「大きなテーマ」として提示し、それについての自分の考えを付箋紙に書かせた。

❷展開

教材「年老いた旅人」範読後、子どもに「どんなことが気になったか」と尋ねた。子どもからは、「町のきまりのように、きまりが多すぎても住人は楽しいのかな？」「町や村のきまりは誰のためのものなのかな？」、「何で年老いた旅人は村に住もうと思ったのかな？」などの問いが出された。「教材を中心にしたテーマ」をつくるために、一つの問いに集約していく必要がある。ヒロシから、「町や村のきまりが、誰のためのきまりかを考えれば、（「大きなテーマ」にある）自分に関係あるかどうかにつながってくるかもしれない」という提案が出された。このように、子どもと「教材を中心にしたテーマ」をつくるためには、子どもから出た問いが「大きなテーマの内容とどこがつながるのか」「複数の問い中で、どの内容なら他の内容も解決できそうか」という思考をもとに問いを集約していく必要がある。

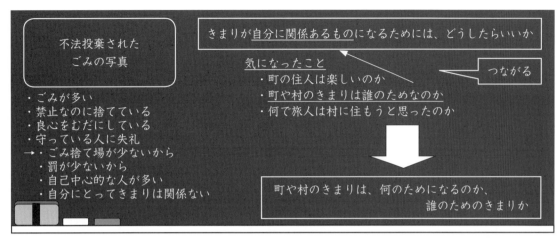

【1時間目の板書】

　ヒロシの意見をきっかけに「教材を中心にしたテーマ」をそれぞれの（町や村の）きまりは，何のためになるのか，誰のためのきまりかと設定し，このテーマに対する考えを子ども一人ひとりに付箋紙に書かせて，1時間目を終了した。

　2時間目の初め。「教材を中心にしたテーマ」に対する学習感想を座席表型に並べた「座席表型感想用紙」を全員に配付した。これは，学級全体で自他の考えを共有するための手立てである。誰が何をどう考えているのかを1枚の用紙で可視化させることで，発言することに苦手意識をもっている子どもでも，自分の考えを全員と共有することができる。

　子どもが，学習感想を読み終えた後，「どうだった？」と尋ねると，「聞いてみたいことがある」と多

【座席表型感想用紙】

くの子どもから声があがった。町のきまり，村のきまりについての子どもの議論の一部を以下に紹介する。

【町のきまりについて】
C1　：ユカリさんは，町のきまりはみんなのためと言っているけど，どうしてですか？
ユカリ：きまりがなくなって，町が汚くなってしまったら，みんなにとってもよくないからだよ。
C2　：ユカリさんに賛成で，町のみんなは，きまりを守ろうとしているのだからみんなのきまりになっていると思うよ。
C3　：みんながきまりを守ろうとしていれば，みんなのきまりになるの？　町のきまりは，守らないと罰せられるから守っているんだよ。守るのは町の人のためになってないと思う。

【村のきまりについて】
C1　：友達の学習感想を読んで，村のきまりは旅人と病人の両方のためにあると思ったよ。
C2　：さらに，つけたしで，村人のためにもなっていると思うよ。
イツコ：町の人とは違って，村の人は気持ちが優しいね。きまりに対しても誇りをもっていると思うよ。

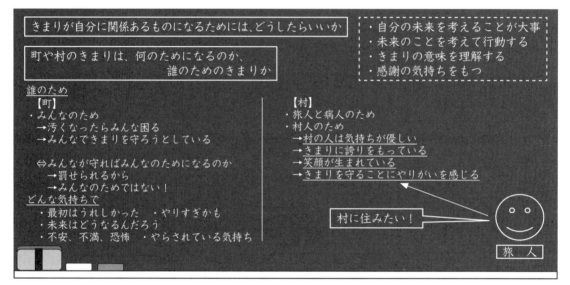

【2時間目の板書】

【村のきまりについて】でのイツコの発言は，町の人と村の人の性格の違い，きまりに対するとらえ方の違いにふれる内容であった。そこで，町の人のきまりに対するとらえ方を引き出すために，「町の人は，どんな気持ちで生活しているのかな」と子どもに問いかけた。すると，子どもから「最初は嬉しかったと思う」「でも，やりすぎではないかと思い始めたかもしれない」「未来はどうなるのだろうという不安，不満，恐怖」「やらされている気持ち」「自由をうばわれたと思っている」「きまりを信じていない」などの意見が出された。

次に，子どもを多角的な視点から考えさせるために，「どうして年老いた旅人はそんな人々の住む町を去ったのかな」と尋ねた。子どもからは，「町の人々が笑顔ではないから」「不安，不満のある町には住みたいと思わないから」などの回答があった。

また，「村はどうだったか」とさらに問うと，「きまりがみんなで決めたものだったから，笑顔が生まれると思った」「村人はきまりを守ることにやりがいを感じているから，年老いた旅人もいたいと思った」などの回答があった。

町と村を比較して「どうすれば住みやすくなるだろう」と問いかけた。子どもからは町と村の長所と短所をまとめて，無理やり押しつけたきまりの限界と自主的にみんなで決めたきまり

の強さについて話し合うことができた。

❸終末

　最後にあらためて，大きなテーマ「きまりが自分に関係あるものになるためには，どうしたらいいか」と子どもに尋ねた。

　トモコは，「自分たちの未来を考えられるかどうかだと思う。それができれば，（写真で見たように）ごみがたまってしまったらどうなってしまうのか予想がつくはず。未来のことを考えて行動していくことが大切だと思う」と答えた。また，サキコは「きまりの意味を理解して，そこに感謝の気持ちをもてるかどうかだと思う。なぜなら，（教材「年老いた旅人」では）旅人は村人に感謝の気持ちがあったし，村人も感謝されている意味を理解できていたから」と答えた。2人の発言から「公共の精神」を考えていくうえで，自分たちが生活する社会の未来を考える力と，共に生活を送る相手に感謝する心とが大切であることを新たに発見することができた。その後，子どもに「大きなテーマ」について考えたことをあらためて付箋紙に書かせた。1時間目に書かせた内容と比べさせることで，この2時間の学習を通して自分の考えがどのように変容したのかを自己評価させることができた。以下に子どもの学習感想を紹介する。

❹子どもの学習感想

【1時間目の感想】　ミチエ 　自分のことだけ考えずに，「周りの人に迷惑をかけてしまう」と思えばよいと思う。なぜなら，みんなが見ていて「嫌だなあ」と思っていることに気づけば，「恥ずかしいな」と思えるから。		【2時間目の感想】　ミチエ 　町の人たちは，最初「町がきれいになるんだったら」という思いでいたけれど，だんだん不満や「やらされている」という気持ちが出てきたと思う。きまりが自分に関係あるものになるためには，「自分以外の他の人」から「自分もみんなとかかわっているという気持ちをもつこと」が大切だと思う。	1時間目では，大きなテーマに対して，「『恥ずかしいな』と思える」とあったが，2時間目の最後には，「自分もみんなとかかわっているという気持ちをもつこと」というとらえ方に変容したミチエの記述。
【1時間目の感想】　サトシ 　きまりが自分に関係あるものになるためには，法律を厳しくして，それでもだめなら，監視カメラを設置したり，看板で「ごみ捨ては法律違反です」と伝えたりすれば良いと思う。		【2時間目の感想】　サトシ 　きまりが自分に関係あるものになるためには，きまりで強制するよりきまりの意味を理解し，根拠を知り，自分のこととして考えられることが大事だと思った。	1時間目では，大きなテーマに対して「法律で禁止する」とあったが，2時間目の最後には，「きまりの意味を理解し，根拠を知り，自分のこととして考えられること」というとらえ方に変容したサトシの記述。

（幸阪　創平）

15 中学年 C－(15)よりよい学校生活，集団生活の充実
教材名：見えない名札

> ## 柳沼良太の"ココ"がおススメ！
>
> 中学年は仲間集団での結束は固めるが，まだ学級や学校全体への所属意識は薄いところがある。本授業では，学校の一員として校外でどうふるまうべきかを考え議論することができる。
> 　導入では，教材と同じ問題を含んだ物語を提示して，展開の教材にうまく結びつけている。他校の子たちとのケンカが問題の発端になっているが，そこから「見えない名札」をつけて学校の一員としてどう行動するべきかを考えられる展開になっている点が有意義である。

◆**本時の問題解決的な学習のポイント**◆

❶子どもから出された問題を考える

　楽しく充実した学校生活を送るためには，学級や学校への所属意識を高めることが大切である。また，どのようにすると楽しく充実した学校生活を構築することができるのか具体的に考えることで，これからの自分たちの学校生活がよりよいものになる。

　本授業では，子どもから出された「『見えない名札』とは一体何か」という問題を話し合うことで，自分たちの行動が，学級や学校にも影響があることに気づかせる。そして，「その名札をきれいにするためにはどうしたらよいのか」を考え，今後自分たちの学校生活をよりよいものにするために大切なことについて理解できるようにする。

　学級の全員がよりよい学校生活を送るために，多様な視点からその思いや行動を考え，これからの生活につなげていこうとする意欲を高めたい。

❷グループでの話し合いや書く活動を取り入れる

　よりよい学校生活を送るためには，自分たちの行動への責任が伴う。導入では，自分たちのとった行動が学級の行動として見られるとどのような思いになるかを問い，本時の教材へとつなげていく。日常の生活と照らし合わせたうえで教材を読むことで，より教材の内容を理解することができ，道徳的価値への意識を高めることができる。また，グループでの話し合い活動や書く活動を取り入れ，よりよい学校生活を送るためにはどうしたらよいのかを考えさせたい。

◆指導案◆

（1） **主題名**　学級・学校のよさ
（2） **教材名**　「見えない名札」（出典：『4年生のどうとく』文溪堂）
（3） **ねらい**・楽しく充実した学校生活を送るために大切なことを考え，よりよい学級や学校をつくっていこうとする。
　　　　　　・楽しい学級や学校をつくることについて，自分の考えをもつことができる。
（4） **展開の大要**

	学習活動	ねらいにせまる手立て	子どもの反応
導入	1　学校生活の中でのできごとを振り返る。	・ねらいとする価値内容を理解するために，具体的な生活体験を問いかける。	・自分や友達のとった行動を「クラスの行動」として言われたら，どんな気持ちになるかな。
展開	2　教材を読み，問題を見つけ話し合う。	・自分が友達の考えを聞きたいところ，全体で話し合いたいところを問い，全体での問題をつくる。 ○「何が問題になっているか」 ○「見えない名札とは一体何か」 ・自分たちの行動は，学校の行動として思われていることに気づかせる。 ○「見えない名札をきれいにするために，どうしたらよいか」 ・学校や友達，自分のためにもきれいにする必要があること，また，自分たちの学校をよりよくしていくことへのつながりに気づかせる。	・学校の外にいても，目には見えないけれど小学校の名札をつけているんだな。 ・自分を振り返りながら，責任をもって行動することが大切だ。
終末	3　今日の学習を振り返る。	・これからの学校生活をどのように送るかを考える。	・よい学校と言われるようにしたい。

（5）　**評価**・楽しく充実した学校生活を送るために大切なことを話し合い，これからの自分たちの学校生活がよりよいものになるよう考えることができたか。

◆授業の実際◆

教材の概要 公園で遊んでいたゆうま，まさと，しげきは，他の学校の子たちと言い合いになってしまう。互いに相手の学校のことをからかっていると，近くにいたお姉さんから「あなたたちは，制服を着替えてしまっても，下山小という見えない名札をつけているのよ」と言われる。そして，3人はその言葉をきっかけに自分たちがとった行動を振り返る。

❶導入

「クラスのある友達が，廊下を走っていました。すると『このクラスは廊下を走る人が多いですね』と，言われてしまいました。どんな気持ちがしますか。（あなたは走っていません）」と問いかける。ある1人がとった行動が"クラスの行動"と言われてしまうことは，日常生活の中で見られる場面である。導入では，このような子どもにとって身近な経験を聞くことで，学校生活に意識を向けるとともに，本時の教材についても身近なこととして考えることができるようにしたい。

子どもは「走っていないのになぜ注意をされるのか」「これからは走らないでほしい」というものから，「走っていなかった友達に注意ができなかった自分もいけなかった」「走ったなら，そこはクラスで考えていくことが必要」など，集団の中での自分の立場や所属意識の強さを感じさせるものもあった。個々の子どもの実態を把握しながら展開へとつなげていく。

❷展開

教材を読み終えた後は，個々が疑問や課題をもち，グループで伝え合う。そこから，全体としての問題をつくる。

【子どもから出された問題】
◇「見えない名札」と言われてどう思ったか。
◇「見えない名札」とは一体何か。
◇なぜ，遊びの誘いを断ったのか（ケンカの原因）。

T：ケンカになった原因は，何だと思いますか。
C：言い方がとてもきつかったから，少し嫌になった。
C：失礼な言い方で怒って言ったことがいけなかった。教えてあげればよかった。
C：相手の方も原因がある。「いも山小」とからかい，下山小のみんなのことをばかにした。

「よりよい学校生活」という道徳的価値について考えるためには，ケンカになった原因について全体で共有することが，これからの自分たちの学校生活をどのように過ごすかにつながっ

ていく。ここでは，互いに言い方が悪かったという点だけではなく，自分たちの学校のことをばかにされたときの気持ちという点についても十分に押さえたい。

T：「見えない名札」とは，一体何ですか。
C：「心の名札」だと思います。例えば，嫌なこととかいじめとかをするとぼろぼろになるし，優しくしたりよいことをしたりすると明るい名札になる。
C：下山小の名札だと思う。自分たちが優しいことをしたら，下山小の名札はきれいになって，悪いことをしたら心の名札と同じでぼろぼろになる。そして，自分たちがよいことをしたら下山小の子たちは，みんなよい子だって言われることもある。

　題名でもある「見えない名札」とは一体何か。話し合いを通して，その名札は一人ひとりの心の中にある名札であり，さらにそれは学校の一員としての名札であるということに気づくことができた。「見えない名札」＝「心の名札」＋「自分の学校の名札」という視点から，今後どう行動していくことが大切かを考えた。

T：「心の名札」をピカピカにするためにはどうしたらよいでしょう。

　よりよい学校生活を送るために，大切なことである。子どもからは，「他の学校の人でも優しくする」「優しい言葉づかいで『ごめんね』と謝る」など，様々な視点から考えが出された。ここでは，さらにその名札はきれいにする必要があるのかを問い，焦点化させた。

T：見えない名札をきれいにする必要があるのでしょうか。

　子どもは，やはり「よい学校にしたい」という思いがあるため，その必要性を感じているが，その根拠はそれぞれで異なる。「その人の行動で，その学校全体の印象が変わる。だから，みんなのためにきれいにしないといけない」など，自分たちの学校をよりよくしていこうとする思いをもつことができた。

❸終末

　板書を通して，今後どのような気持ちで学校生活を送っていくかをたしかめ，学習のまとめをした。

（鈴木　芽吹）

16 中学年 D−(20)感動，畏敬の念
教材名：富士と北斎

柳沼良太の"ココ"がおススメ！

感動をいかに道徳授業で学ぶか。それには感動的な物語を読んで，その登場人物の生きざまに感心したり，実際に感動する体験的な学習をしたりすることが有効である。その両方を一つの授業で実現したのが，「富士と北斎」を扱ったこの学習展開だろう。「北斎がなぜここまで富士山を愛したのか」を掘り下げて考えたうえで，「冨嶽三十六景」を現実に見せて，この絵や自然の美しさに魅了される体験的な学習を組み込んでいる点が効果的である。

◆本時の問題解決的な学習のポイント◆

❶子どもたちの「不思議」を問題にする

「感動・畏敬」という難しいテーマである。他の内容とは異なり，葛藤や考えのズレの中から問題を見出すだけではなく，自然に魅了された人物にふれ，そこで感じたことも大事にしながら問題づくりに挑んでいった。

子どもたちが素直に語った「不思議」に思ったことを，言葉をイメージさせながら丁寧に結んでいく。ここでいかに子どもの納得を引き出せるかが問題づくりのポイントとなった。ねらいの扱いが難しいだけに，問題づくりも複雑になるが，上手に共通理解ができれば，問題解決的な学習の取り組みが広がるだろう。

❷北斎の数十枚の絵を活用する

ねらいが「感動」という心の動きなので，感じ取る疑似体験の場を設定した。問題の解決へと活動が進み，子どもたちの考えがまとまってきたところで，北斎の数十枚の絵を一気に提示した。子どもたちは，その数と色合いの美しさに，思わず声をあげていた。もちろん，感動という気持ちには十分に到っていない面もあるが，子どもの表情がすうっと明るく輝く瞬間があった。子どもたち一人ひとりにこの強い印象が残ることで，その後の自然を考えることにつながるであろうと考えた。

◆指導案◆

（1） **主題名** 魅せられる自然

（2） **教材名** 「富士と北斎」（出典：「わたしたちの道徳　小学校三・四年」文部科学省）

（3） **ねらい**・北斎が富士山に魅了された理由を探り，話し合うことを通して，自然のもつ美しさを見つめ，美しいものに素直に感動する心を養う。
　　　　　　・富士山の美しさを想像したり，感じたりすることから，美しいものを感じ取る心が自分にあることに気づき，生活の中でこの心を大切にしようとする態度を育てる。

（4） **展開の大要**

	学習活動	ねらいにせまる手立て	子どもの反応
導入	1　「富士山」の写真を見て感想をもつ。	・富士山の美しさを思い出し，教材へのかまえをつくる。	・とてもきれい。 ・ぼくは頂上に行ったんだけど雲の上にいるようだった。
展開	2　教材を読み，問題を見つけ，話し合う。 ・教材に対して出された疑問や感想を見つめ，その共通点から考えるべき問題をつくる。 ・「冨嶽三十六景」の絵をすべて見せて，自然の美しさを印象づける。	・範読しながら解説を加え，教材をよくイメージさせる。 ○「不思議なことは何か」 ○「北斎はなぜここまで富士山を愛したのか」 ・北斎が好きな理由を進んで考えさせることで，富士山のもつ魅力を見つめさせていく。 ・ペアでの対話をさせる。 ・「冨嶽三十六景」のすべての絵のコピーを見せ，自然のもつ美しさを印象づける。	・20年も待ったのはなぜ？ ・120まで生きて書き続けたくなるのは，なぜなのだろう？ ・日本一高い山だから。 ・色々な姿を見せてくれるから大好きになった。 ・山だけでなく，すそ野まできれいだから，他の山ではなく富士山が好きになった。 ・やっぱり富士山は特別だ。 ・どれも色もかたちも違う！　とてもきれい！
終末	3　今日の学習を振り返り，自分の考えをまとめる。	・授業を振り返りながら，黒板にある富士山への言葉から自然のもつ魅力とそれに感動する自分の心の大切さを見つめさせる。	・自然ってすごい！ ・人がつくることのできないものだから，とってもきれいなんだと思う。

（5） **評価**・北斎の富士山を愛する気持ちを想像しながら考えることで，自分にある美しいものを感じる心を見つめられたか。

◆授業の実際◆

教材の概要 富士山に魅せられた葛飾北斎の話である。北斎は，東海道を歩いていたとき，山の向こうにちらちらと姿を変えて見える富士山に魅了される。しかし，旅を重ねても，北斎は富士山の絵を1枚も描こうとしない。ところがある日，仕事部屋に入った北斎は半月ばかりで富士山の絵を描ききる。すばらしい富士山の絵であった。北斎が最初に富士山を見たときから20年近くも経っていた。富士山と自分がぴったり一つになるのを待ち続けていたからであった。その後も年4，5枚ずつ富士山の絵を描き続け，北斎はいつしか「富士山の北斎」と呼ばれるまでになった。

❶導入

富士山に行ったことのある子に，その感想を聞く。「雲の上にいるようだった」「ひんやり気持ちよかった」などの感想が出されたので板書する。ある子が，「富士山の冷え方は，氷より少しあたたかいよ」と言ったとき，周りの子が首を傾げた。「氷よりあたたかい」という表現が，不思議で理解しづらかったと言う。そこで，自然は不思議なことをもっていそうだ！と告げ，教材へと入った。自然について学ぶかまえができた。

❷展開

教材を範読する。理解だけでなく「感じる」部分が求められるため，範読しながら話の展開をしっかりとイメージさせていく。例えば，「4，5年たつと……」と読んだら，「もうみんなは中学生だね」などと口をはさみ，理解を広げていくのである。範読後は，教材の説明はせず，すぐに話し合いに入ることができた。
T：教材どう？　読んでいて不思議だな？と感じたことはありますか？
C：(挙手は数名，指名された子が) 20年も描くことを待っていたのはなぜなんだろう？
C：わざわざ旅に出てまでなぜ富士山を描きたいのか？
C：120まで生きて描き続けたいのはなぜ？
C：理想の富士山をしっかりと描いているのはなぜ？

短時間であったが子どもから課題が出された。そこで，教師が，四つの文のつながりを見つめさせていく。ここが問題づくりに当たる場面であり，子どもの話を聞き取り，返しながら四つの文の共通点を探るのである。
T：四つのことは似ているね？
C：んー？（首を傾げる子多数）。

T：20年も描かないなんてあるかな？
C：ないよ！　だって，描きたくなったらすぐ描くもの！
T：では，すぐ描かなかったのはなぜだろう！
C：それは，こう描きたいと想像したものがあったから！
T：それは，「理想」と言わない？
C：あー。四つ目の文と同じだ！　つながったよ！
T：理想が高ければ？
C：長生きしても描きたいね！　あっ，つながった！
C：そんな美しい富士山は，どこで描きたい？
C：あっわかった！　もっと近くで描きたいから旅に出るね！
T：すると，今日の問題が見えてきたね。北斎はここまで理想の富士山を追いかけた！　その理由を探るってことじゃない？
C：そうだね！（大勢がうなずく）
T：では，今日の問題は，「（北斎は）なぜここまで富士山を愛したのか？」でいいかな？
C：うん，いいよ。バッチリ！

　考えるべき問題は，子どもにとって「考えたくなったとき」に課題となる。教材を読んだ反応を言葉と言葉を理解しながら結びつけていくことが，みんなにとって共通の話題づくりにつながるのである。時間のかかる活動だが，話題ができあがれば，「考えたい顔」がたくさん表れていく。

　北斎が富士山に魅了された理由は難しい課題である。そこで，「考えたい」という表情が多いことを確認し，対話での相談に入る。

　グループ学習は，とても難しい。それは，一人ひとりの子どもが，話す必要や目的，また，話し聞くためのスキルを身につけていないと，単なるおしゃべりになってしまうからである。そこで，クラスでは，このような対話から始めている。まだ，学級開きをして間もない頃から，必要なときに短時間（長くても3分）の対話を重ねたことで，言葉が随分行き交うようになった。ここでも，「やっぱり富士山は特別だよ！」「日本一の山だもの」とか「教材に『ちらちら

と見えた』と書いてある。だから，見るたびに色々な姿が見えるから，好きになるんだよ」などの声が多く聞かれた。

　2分の相談後，話し合いに戻った。理由は……

C：文にあるように，優しく見えたり，すまして見えたりするから，見ていておもしろいんだよ。

C：○ちゃんが今，言ったように，色々に見えるから，一番美しい富士山を知りたくなった。そして，大好きになったんだよ。

C：これも書いてあるけど……（みんなで教材の文を読み返してみる）。「すそ野に広い森林」ってあるでしょ。だから，他の山と違って，山はもちろん，すそ野までも美しい山だから，愛するんだと思う。

C：色々な顔が見えるから，うっとりしちゃうよね。

など，北斎を強く惹きつける富士山の魅力を子どもたちは，色々な言葉で語っていた。この話の中で，ある子が，「富士山を見て好きになったでしょ！　好きになると，『見たい』って思うでしょ！　でも，旅行しなきゃ見れないから，その姿を想像するの！　そして行って見ると，想像とは違う，もっときれいな富士山が見れる！　そして帰ってまた想像する！　でも，本当はもっともっと美しいの！」とじっくりと語った。この話を聞いた子どもたちは，北斎が20年の年月をかけて大好きになっていく様子をイメージしていたようだ。

　このように「北斎が愛した理由」を話し合っているうちに，話題が「人を魅了する富士山の魅力」になってきたように思う。子どもたちは，北斎を通して，富士山という自然の魅力をふくらませていたのである。そこで，「みんなが今日語っていたのは，富士山の魅力，自然がもつ力なんだね」と話し合いをまとめた。

　この話の後，当然のように，北斎の絵が見たくなる。そこで，「冨嶽三十六景」の絵をカラーコピーし，そのすべてを一気に壁に貼り出した。子どもたちは，「えー」「こんなに！」と驚きながら見入っていた。当日は時間の余裕はなかったが，許すならここは，じっくりと色々な話をしながら子どもに見せたい場面である。指をさし，「すごい！」などとつぶやきながら見入る子どもたちの姿こそ，心が動いたときであり，自分の中に小さな感動が見つかり，自然の偉大さ，すばらしさを感得する場だからだ。

❸終末

　授業を終え，家で今日学んだことを思い返し，「なぜ自然は，人を好きにさせる（魅了する）のか？」をワークシートにまとめるよう告げた。こうして，自分で（ときに父母と一緒に）ワークシートを前に自然を見つめ直す機会をつくることが，日々の生活の中で，自然を愛し，学ぼうとする姿勢づくりにつながる。

❹ワークシート

　「なぜ自然は，人を好きにさせる（魅了する）のか？」についてワークシートを書いた。北斎が富士山を愛した理由や，自然の魅力などについて子どもたちは考えをまとめていた。また，このことがきっかけとなり，夕日を熱心に描いた子もいた。描くことが難しいくらい美しい様子に心を動かされていたようだ。このように「感動」「畏敬」などの感じる心に関する内容は，授業後，生活につなげる工夫をすることで，さらに深まることもある。

> 今日やったことの まとめ
> 北さいは、どうしてふじ山を見てきたかというとふじ山には、すがたが同じでも見え方が自分の心や時間や見る場所によってちがって見えることがワクワクしたからずっと見つづけていたんだと思います。

> かんそう
> ぼくのかいた絵は、夕がたと夜のやつです。夕がたは、6時45分でで実力でかきました。昼30分ですごく分かれてていていいです。昼は空が赤いろのままですごくきれいでいいです。夜は、しずんで夜になってしまいちょっとさびしいです。夜は、星もみえるし、虫の音もきこえるし、すずしいのでいいです。夕やけも夜もどっちもきれいでんダーしました。

画用紙に絵を描き，その感想を上記のように綴っていた。

> 自ぜんはどうしてみりょくてきかというと、自ぜんの空気はとてもおいしいから、心がいやされてみりょくてきだと思う。ほかにも、自ぜんは人々の心を温める力があると思う。自ぜんは、とても大切な物、人々と自ぜんはいつでもたすけ合っている。人々は、自ぜんをそだてる。自ぜんは、人々を温める。このように自ぜんと人々はふ、かいきずなでむすばれている。

> 「自ぜんはなぜうつくしいのか？」
> わたしは、自ぜんがうつくしいのは人間の手で作ったものではないからだと思います。たしかに水をやったりするのは人間でものびたり、大きくなったりするのは自ぜん自しん。だからのびのび自ぜんの思ったとおりになるのだと思います。

（星　直樹）

17 高学年 内容項目 A－(6)真理の探究
教材名：自由研究

柳沼良太の"ココ"がおススメ！

　小学生でも夏休みの自由研究では主体的に真理の探究に取り組み，立派な作品を仕上げることが多い。しかし，真理の探究は難しいこともあり，他からの誘惑に負けて挫折してしまうこともある。そんなとき，どうすればよいかを小学校高学年の立場で考えられる授業である。友達から遊びに誘われて，父親に任せてしまうこともできれば，適当にデータを改竄することもできる。しかし，よりよく生きるためにはどうあらねばならないか，じっくり考えさせられる。

―◆本時の問題解決的な学習のポイント◆――――――――――――

❶他の内容項目と関連づけて指導する

　真理とは，普遍的なものの値打ちである。本教材中には二つの真理が存在する。研究で明らかになる，自然現象の背景に存在する科学的な「真理」，昨年度より高い目標を掲げてよりよい研究を行い，その研究に責任をもって挑んだり，疑問に思ったことをさらに深めようとしたりする生き方としての「真理」がある。

　本授業では後者の生き方としての真理を主に扱い，その性質から他の内容項目「A―(5)希望と勇気，努力と強い意志」「D―(22)よりよく生きる喜び」などと関連づけて指導を行うことができる。

❷ Win-Win の解決策を探る

　本教材は，主人公のヒロが自らの探究心に基づいて自由研究を進め，研究が完成し追加研究を行おうとした矢先に友人からの誘いが入る内容である。主人公は宿題としての研究は完成しているので，後は自分の探究心に基づき研究を続けるか，友人の誘いに乗り父親に研究を任せて遊びに行くかで迷っている。本質的には，今の自分に満足し，現状に甘えようとしている点，自らの研究を自らの手で行うことの意義を見出していない点が問題となっている。これらを子どもに把握させたうえで，「どうすればよいだろう」と問いかけたい。研究を進めつつカイトとの関係も大切にできるような Win-Win の解決策を目指していきたい。

◆指導案◆

（1） **主題名** 真理の探究

（2） **教材名** 「自由研究」（自作教材）

（3） **ねらい**・自分の弱さに負けず物事の本質を見極め，よりよいものを求めようとする道徳的判断力を養う。

（4） **展開の大要**

	学習活動	ねらいにせまる手立て	子どもの反応
導入	1 自分への甘さで物事を途中で投げ出してしまったときを考える。	・ペア交流を行ったり，「諦めてしまったことはあるかな」と問いかけたりする。	・習い事の練習をあきらめてしまった。 ・勉強をせずに遊びに行った。
展開	2 教材を範読する。 ○ここでの問題点を考える。 ○どうすればよいかを考える。 ○よりよい解決策を考える。	・「行こうか行かないか迷っていること」「お父さんに任せていくかどうか迷っていること」についてその理由を問うことで問題点を明らかにする。 ・そのままカイトと遊びに行く立場の子どもには「研究を途中で投げ出してよいのか，後悔しないか」，研究をする立場の子どもには「カイトとの約束はどうすればよいか」と問いかけ，揺さぶる。	・最後まで自分で研究をやりきるべきだ。 ・カイトの誘いを一度受けてしまった。 ・カイトの誘いを断って，研究を続ける。 ・研究はやり続けたほうがよい。 ・カイトにはすぐ電話をして，謝る。 ・事情を話して日にちをずらせないか聞いてみる。
終末	3 導入とかかわらせ，授業を振り返る。 4 教師の説話を聞く。	・よりよい状態に向けて頑張ろうとする姿を価値づける。 ・普遍的な生き方について話す。	・あきらめないでよりよい状態を目指していきたい。

（5） **評価**・何が大切かを見極め，よりよいものを求めようとする道徳的判断ができたか。

◆授業の実際◆

教材の概要 主人公のヒロは理科が大好きで，夏休みの自由研究は計画を立ててしっかり行っていた。夏休みの中ごろにはデータをとり終えたが，もう少し調べる余地があった。そんな夏の終わりに，友達のカイトから遊びの誘いを受ける。ヒロはお父さんにデータ収集をお願いして遊びに行こうとした。しかし，お父さんに「本当にそれでよいのか？」と問い返された。困ったヒロは，データを適当に書き換えて，見栄えのよい結論にしようかと考えた。

❶導入

まずは，「みんなは，何かに挑戦して頑張っているんだけど，あきらめてしまったことはありますか」と問いかける。子どもからは「勉強をしなければいけないけど，途中で投げ出してしまった」「ピアノを習っているけど，ときどき練習をさぼってしまう」というような考えが出てくると予想される。教師はそれらに共感した後，「今日の物語の主人公は，理科がとても好きで，夏休みの自由研究に挑戦します。でも，そこであるできごとが起こります。みんなでそのできごとについてどうすればよいか考えていきましょう」と言って展開へ入る。

❷展開

教師が教材を範読した後，問題解決的な学習に入る。まず，問題点を明らかにするために「今ここで何が問題になっているでしょうか」と問いかける。「研究があって，海に遊びに行けないこと」「どちらか一方にしなければいけなくて，迷っていること」というような考えが出てくる。そこで，「どうして研究を続けなければいけないのか」と問いかける。子どもからは「自分が一生懸命やってきた研究だから，最後まで自分でやりきるべきだ」「もう少し調べたいことがあるなら，やり続ければもっとよりよいものになる」といった考えが出てくる。

そこで教師は「では，なぜ断らないのですか」と問いかける。子どもからは「カイトとは友達だし，一度行くと言ってしまったから断りにくい」「自分にも遊びたい気持ちがある」という考えが出てくる。問題点を整理すると以下のようになる。

【問題点】
　自分が頑張って取り組んだ研究を最後までやりきれないこと。
【なぜやりきらないといけないのか】
・自分が一生懸命やってきたから。もう少し頑張れば，よりよいものができるから。
【なぜ断らないのか】
・カイトとは友達で，一度行くと言ってしまったから断りにくい。
・自分にも遊びたい気持ちがある。

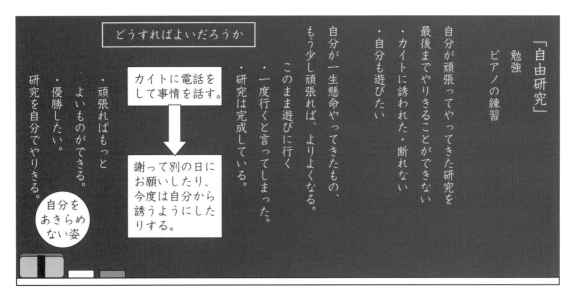

次に、「これからどうすればよいだろう」と問いかけ、解決策を検討する。子どもからの解決策としては、①「一度行くと引き受けてしまった。カイトも予定を立てたい様子だったから、やっぱりこのまま行くべきだと思う」「自分だって遊びたいし、研究はほとんど終わっているからよい」という意見が出る。一方で、②「頑張ればもっとよいものができるから、続けるべきだ」「もう少しデータを集めれば優勝できるかもしれない」という考えが出る。さらに、③「お父さんに任せる」、④「データを適当につけたして書く」などの意見も出る。

これらの解決策でどれがよりよいかをグループで交流する。その際に、「カイトとの友情が壊れないようにするためにはどうすればよいのか」「自分の甘さで研究をあきらめてしまったら、後悔はしないだろうか」「お父さんに任せたり、データをごまかしたりしたら、どうなるだろうか」と問いかけ、子どもを揺さぶる。

最終的には、「カイトには電話をして謝って、別の日にずらせないかを聞いてみる」「海に行く日までに何があっても頑張って仕上げる」などの建設的な意見がふえていった。

❸終末

終末では、導入時の子どもの姿を振り返りながら、「今日の授業で見つけた生き方って何だろう」と問いかけ、授業を振り返りたい。「自分は今日のような状態になったとき、遊ぶことを優先してしまって、後悔することもなかった。今日の授業で、自分の頑張っていることを頑張り続けなければいけないなと思った。そうすればよりよい状態になっていけると思う」という発言が出た。教師は人間の中に弱さがあること、それでもその弱さに負けず、よりよい状態を目指していくことは、いつも変わらず大切なことであることを伝えたい。

(加納 一輝)

自由研究

　今年も夏休みがやってきた。夏休みの宿題の中に，一つだけ好きな宿題がある。「自由研究」だ。
　自由研究は絵でも，作文でも何でもいい。浴衣をつくって花火大会に着て行った，という人もいる。研究であろうとなかろうと，とにかく「何か」をつくる宿題だ。しかし，その「何か」というのがやっかいで，何をやろうか迷う人がたくさんいる。でも，ぼくは違う。
　ぼくは理科が大好きだ。だから自由研究では，理科の研究をすると決めていた。去年は町中の公園を走り回って，どこにどんな植物が生えているか調べ，その理由をまとめた。それを市の科学コンクールに応募したら，準優勝をとることができた。すごく嬉しくて，来年は優勝したいと思った。そして何より，一生懸命調べて研究をしたかいがあったなぁ，と思った。
　今年は夏の天気と気温の関係を調べるつもりだ。これを調べるためには，毎日地道にデータを集めなければいけない。ぼくは夏休みに入る前に計画を立てて研究をすることにした。
　研究は順調に進んだ。８月の中ごろには十分なデータがそろい，研究をまとめることができた。でも，まとめてからもう少し調べたいことが出てきた。あと２，３日はデータをとろうかな，と考えているとき，友人のカイトから電話がかかってきた。

　『もしもしヒロ？　遊びの誘いなんだけど，海に行かないか？　うちの父さんが連れてってくれるって』
　「え，ほんと？　行きたい！　いつ行くの？」
　そういえば，この夏には一度も海へ行っていない。研究ばかりで暇がなかったのだ。
　『えーっと……明後日はどうだ？　日曜日だし，特に予定もないだろう？』
　明後日と聞いた瞬間，僕の頭の中に「研究」の二文字が浮かんだ。ちょっと迷った後，
　「また後でかけなおすよ。明日中には連絡する」
　『えーなんだそれ。なんかあるのか？　あるなら正直に言ってくれよ。予定が立たない』
　そう言われて，ぼくは正直に研究のことを話した———。
　『よくやるなぁ……でも宿題と研究でほとんど遊んでないんだろう？　もう十分できてるなら，それでいいじゃないか。それか，家の人に頼んでおきなよ。お前頑張ってるんだから，それぐらいやってくれるだろ』
　「そうかなぁ」
　『そうだろ。それに海，行きたくないのか？』
　「行きたい！　うーん，じゃあ，お父さんに頼もうかな」
　『よし，決まりだな。時間が決まったらまた連絡するよ』

電話が終わった後，ぼくは海へ行けることにワクワクしていた。お父さんも理解してくれるだろう。そう思い，お父さんにデータをとってくれるようにお願いした。お父さんはうんうんとうなずきながら聞いてくれた。海へ行ける。そう思っていたが，お父さんの返事はちょっと違った。
　「父さんは，ヒロが一生懸命頑張っていることは知っているぞ。本当にすごいと思う。それに，海に行きたい気持ちもわかる。でも，ヒロは父さんがとったデータで，本当にいいと思う？　研究ってそれでいいのか？」
　ぼくは思わず考えてしまった。いい気もするし，よくない気もする……。

　いくつかのデータさえ整えば，遊びに行ける……。そう考えたぼくは，データを適当に自分で書き換えることを考えた。
　「どうせ誰も本当のデータかどうかなどわからないだろう」
　そう思ったぼくはいくつかのデータを書き換えて，結論を立派な内容にあらためようとした。
　しかし，心の中で（これでいいのか。いい気もするし，よくない気もする……）と，ぼくは再び迷い出した。

（文：加納一輝）

18 高学年　内容項目 B−(10)友情，信頼
教材名：友のしょうぞう画

柳沼良太の"ココ"がおススメ！

　友情の示し方は，多様にある。何らかの理由があって，どうしても友情を適切に示せないときもある。そうしたときに，どうすればよいかを考え議論できる授業である。難病治療のための転校など，子どもたち自身の力では対応できないこともあるが，それでも相手を信頼し続け，友情をもち続けることの大切さやすばらしさがにじみ出るような展開になっている。定番の教材だが，問題解決的な学習を取り入れることで友情の示し方が新たに深く検討されている。

◆本時の問題解決的な学習のポイント◆

❶「自分なら何ができるのか」を考える

　本時のねらいは，「本当の友達について考える」というテーマを通して，友情・信頼に対する価値観を深めるところにある。展開では，主人公の和也が友達のすばらしさを発見する過程を通して，信頼で結ばれた人間関係のすばらしさを感じ取らせ，真の友達のあり方について考えることを目的にしている。そこで，本時で問題とするのは，和也が正一に手紙を出すべきかどうかを判断することだけではなく，和也が「連絡のない友に思いを寄せながら自分なら何ができるのか」を考えることが問題である。友情・信頼に対する価値観を吟味することでねらいに迫りたい。

❷思考の移り変わりがわかる工夫をする

　本時では，導入でこれまでの子どもたちの友情観について問うことで，学級の仲間がどのような友情観をもっているのかを明確にし，共有することにした。また，その友達がどのような価値観をもっているのか，どちらを大切にしたいのか比較したり，関係づけたりすることで友情観を高める導入とした。さらに，導入での価値観と展開で学んでいくうえでの価値観を比較して考えやすい板書にすることで，子どもの思考がさらに磨かれるように工夫した。

　授業では道徳ノートを用いて，導入の段階での思考，展開の段階での思考，授業後の思考がわかるノートに工夫している。また，書くことで思考が高まる工夫をしている。

◆指導案◆

（1）**主題名** 友を想う心
（2）**教材名** 「友のしょうぞう画」（出典：『きみがいちばんひかるとき5年』光村図書）
（3）**ねらい**・仲がよいという友達関係だけでなく，相手の立場や思いを理解し，相手のために自分ができることを考え，行動する，という友情のあり方を知り，その思いに感動する。
（4）**展開の大要**

	学習活動	ねらいにせまる手立て	子どもの反応
導入	1 「友達だから〜できる」を考える。	・自分の生活を振り返り，ねらいとする価値への関心・問題意識を高める。	・助け合える。協力できる。 ・正直だから信頼できるよね。
展開	2 教材について話し合う。 ①状況を把握する。 ②「東京駅で交わした約束は，和也と正一にとってそれぞれどのような意味があるのでしょうか」 ③手紙を出すことで育まれる友情と手紙を出さないことによって育まれる友情について考える。 ④「正一のしょうぞう画にはどのような思いがあるのでしょうか」	・それぞれの立場・状況の気持ちを把握させることで，和也がぶつかった課題を考える際に，相手の立場や気持ちを考えながら自分の考えを深めるようにさせたい。 ・「もし自分なら，正一への手紙をどうするべきか」を問う。 ・自分とは異なる考えが自分の考えとどのように関係しているのか，共通点，相違点をとらえながら友達についての理解に迫る。 ・正一の友情観を支える原動力を考え，友情観に磨きをかける。	・病気に負けないでほしい。 ・病気を早く治して和也と普通の友達でいたい。 ・手紙を出すことで正一を励まし続けることができる。 ・手紙を出さないのは，相手に負担をかけないため。病気が重かったら迷惑かも。 ・自分ができる精一杯の気持ちをかたちにしたのだと思う。
終末	3 授業のまとめ。教師の説話。	・子どもたちの生活と重ねて，展開で学んだことをもとに，これからの生活に生かせることを検討していく。	・お互いの気持ちを大切に，周りの人に相談しながら相手の話しをよく理解する。

（5）**評価**・お互いを認め合い，信頼し合える友達をつくっていこうとすることを理解し，そのような心をもとに具体的な解決策を考えることができたか。

◆授業の実際◆

教材の概要 和也は正一と幼なじみで仲良しだったが、正一が難病を治療するため遠く離れることになる。2人は文通を始めて励まし合っていたが、やがて正一からの手紙は途絶えてしまった。1年近く経ったある日、和也はテレビのニュースで正一たちの学校の作品展が開かれることを知り出かけた。そこで和也は正一の「友のしょうぞう画」と題する和也の顔を描いた作品を見つけて胸を熱くする。

❶導入

　子どもたちに宿題として「友達だから～できる」を考えさせることで問題意識を高めた。
T：自分が考える友達とは。
C：ぼくは、相手からしてもらうだけでなく、自分もしてあげられる関係がいいな。
T：では、「～し合う」という関係ってことですか。
C：助け合うとか高め合える関係がいいね。
T：高め合える友達とは。
C：自分たちで例えると市内音楽会とかサッカー大会のときのような感じかな。
C：私は、自分の気持ちを正直に伝えられる人がいいな。うそをつく人は信頼できないしね。
T：いや～この1年間みんなすごい関係を築いてきたのですね。今回は最後の道徳の授業ですが、さらに友達について考えていきましょうね。

❷展開

　まず、問題の条件・状況を把握する。和也と正一それぞれの立場や状況を理解させ、和也がぶつかった課題を考える際に、自分なりの考えを深めるようにした。
T：ここで2人はどんなことに困っているだろう。
C：病気を治すために転校することになった。大の仲良しなので離れてしまうのはつらい。
C：正一に早く病気を治してもらって、また楽しく遊びたい。
T：和也と正一は、なんで手紙を出すって約束したのかな？
C：今までと同じように、大人になってもずっと友達でいたいと思ったから。
T：もし自分なら、どうしたらよいでしょうか。もし正一に手紙を出すとしたら、どうかな。
C：ぼくなら、正一の状況を知ってから出すと思います。正一のお母さんに電話とかするかな。
T：正一の病状を理解してから出す？
C：やっぱり重荷になってしまうよ。手紙を返せないつらさがあると思うよ。
C：え？　重い病気なら、なおさら手紙を出して勇気づけてあげたいけどね。
T：見えない相手の気持ちを推しはかるのは、友達としてどうだろう？
C：色々と自分のために考えてくれる人のことを思いやりのある人と言うのだと思います。

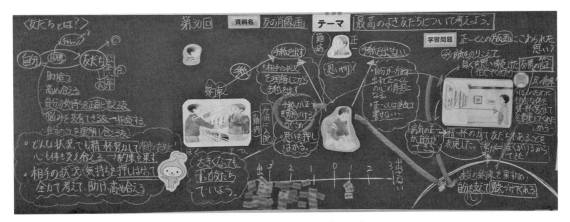

C：相手の気持ちを考える。正一のことを考えるのが大切だな。
C：友達や色々な人に聞いてみて判断したいな。
T：たくさんの人に相談するのも正一のことを思ってこそだよね。
C：気持ちを抑えつつ相手のためにできることを考える。難しい。でも，いいな。そんな友達。
T：正一が描いた肖像画にはどんな意味が込められているのだろう。
C：不自由な体で自分ができる精一杯の友達としての気持ちを伝えたかったのだと思います。
T：それってなんでできるんだと思う？ 隣の人と考えて話し合ってみてください！
C：これからも，大人になってもずっと友達でいようと約束をしたからその約束を大切にしたかったんだと思います。
C：和也は，自分のことを色々考えてくれる思いやりある友達だからだよ。さっき，Yさんが言っていた友達なんですよ。きっと。
C：手紙を出して，勇気づけて応援してくれる大切な友達だから，応えたいと思ったんだよ。
T：友達の思いに応えたいと思う気持ちが人にはあるんですね。

　子どもたちは，教材を通して，和也と正一の友情観を学ぶことができた。子どもの生活にはない友情観ではあるが，相手の思いを推しはかりながら想像力を広げて相手のために何ができるのか考えることは今後の人生を生きていくうえで大切な価値観である。また，導入で子どもたちが「高め合える」関係が大事だと述べていたが，この授業で学んだ心をもつ人間でないと本当の意味で高め合える人間にはならないと述べた。

❸終末

　終末では，展開で学んだことをまず確認した。子どもたちは，「遠方にいる友達に対して，相手の思いを推しはかる心が大切である」という思いやりの価値観を学んだのである。また，相手への思いやりは「どんな状況でも精一杯努力して相手の心も体も支え合える」「必ず約束を果たす」ということも学んだのである。最後に，学びをこれからの生活にどう生かせるかを考えた。

(古見　豪基)

19 高学年 内容項目 B−(11) 相互理解，寛容
教材名：銀のしょく台

柳沼良太の"ココ"がおススメ！

　人の罪を許すことは，難しい。「銀のしょく台」でミリエル司教がジャンを許すのは，宗教的意義も含んだ崇高な寛容さからきている。それゆえ，この問題を子どもの常識で解決しようとしても無理がある。しかし，だからこそ人間としての生き方を深く考えさせる機会になる。さらに，「許した方がよいときとは，どんなときか」を考えることで，相手のためになる寛容さまで洞察できている。これなら子どもの現実生活にも寛容を役立てられるだろう。

◆本時の問題解決的な学習のポイント◆

❶「ミリエル司教は，どうするべきか」考える

　本時のねらいは，「相手を許すことのよさは，どんなことか」を自らに問いかけることである。これは，「寛容」という価値内容を具体的な生活場面に照らし合わせて思い描くことで，自分との結びつきが生まれる。

　そこで，本時で解決したい問題として，「相手を許した方がよいときとは，どんなときか」という問いに迫りたい。そのために，まず教材を読み，「ミリエル司教は，どうするべきか」という問いから出発し，話題を具体的に話し合いながら，ねらいとする道徳的価値についての考えを深め，上記の問題を浮き彫りにしていきたい。そして，教材を通して自分の課題として価値内容を見つめさせていきたい。

❷問い返しで深めていく

　「許した方がよいときとは，どんなときか」と問い，話し合う中で，「許すことが相手のためになるとき」という反応が出ることが予想される。そのような反応が出てきたときに，「相手のためになるときとは，どんなときか」と，さらにくわしく問う。「相手が反省しているとき」「自分の罪に気づき，改心しているとき」などと，子どもたち一人ひとりが考えている具体的な姿を出し合うことで，「寛容」についての考えを深めていく。

◆指導案◆

（1） 主題名　広い心で
（2） 教材名　「銀のしょく台」（出典：『6年生の道徳』文溪堂）
（3） ねらい・ジャンを許すか悩むミリエル司教の気持ちを考えることで，広い心で相手のことを許すことの大切さに気づく。
　　　　　・相手のことを許すことは，日常の生活場面でも問われる自分にとって身近な問題であること気づき，「寛容」について自分の考えをもつことができる。
（4） 展開の大要

	学習活動	ねらいにせまる手立て	子どもの反応
導入	1　「寛容」を生活の中で考える。	・ねらいとする道徳的価値を理解するために具体的な生活経験を問う。	・約束をやぶった友達を許したことがある。 ・嘘をつかれて，許すことができなかった。
展開	2　教材を読み，問題を見つけ，話し合う。	・自分が友達の考えを聞きたいところ，全体で話し合いたいところを問う。 〇「ミリエル司教はジャンに対して，どうしたらよいか」 ・ミリエル司教がとるべき行動と，その理由を話し合う。 〇「許した方がよいときとは，どんなときか」 ・許すことのよさや大切さを考えながら，許した方がよいときについて話し合う。	・本当のことを伝え，ジャンを逮捕してもらう。 ・知らないふりをして，かかわらない。 ・罪を許し，釈放する。 ・許すことが相手のためになるとき。 ・相手のためになり，自分のためにもなるとき。
終末	3　今日の学習を振り返る。	・導入で出された「寛容」と考えを結びつけ，あらためて「寛容」のよさや許すときに大切なことを考える。	・自分も相手も，よりよく生きるために，許すことが大切だ。

（5） 評価・「寛容」の大切さに気づき，相手のことを考えたうえで判断することができたか。

◆授業の実際◆

教材の概要　ジャンは長い服役生活を終え，刑務所から出てきたが，彼に対して世間はとても厳しかった。空腹で泊まるところのないジャンをあたたかく迎えてくれたのは，教会のミリエル司教だけであった。教会に泊めてもらうが，夜中に目が覚めたジャンは，銀の食器を盗んで逃げる。翌日，憲兵に連行されて教会に戻ってきたジャンに対して，ミリエル司教は「銀の食器は，あなたにあげたものです」と言って，ジャンが盗んだのではないと説明する。そればかりかミリエル司教は「銀のしょく台もあげたのに，なぜ持っていかなかったのか」とジャンに言う。ジャンは司教の言葉に驚き，立ち尽くした。

❶導入

まず，「相手を許したことがあるか」と問いかけたところ，子どもたちからは「友達と遊ぶ約束をしたが，その約束をやぶられてしまった。その後，謝られたので，許したことがある」という発言が多くあった。このような「約束をやぶられたが，その後，許した」という経験は，ほぼすべての子どもが経験しているので，共通の土台として取り上げることができる。

反対に，「相手を許せなかったこと」については，許したことに比べて極端に数が少なくなったが，「許すことができないまま，時間が経って，いつの間にか仲直りしていた」のように，そのときは許せなくても時間が経てば結果として許したことと同じような状況・関係になっていることがほとんどであるという認識であった。

❷展開

教材を読み，「自分が友達の考えを聞きたいところ，全体で話し合いたいところは，どんなところか」と問いかけたところ，「ミリエル司教がジャンに銀のしょく台をあげたところがすごい」「憲兵に嘘をついてまでジャンを守ったところがすごい」という意見や，反対に「ミリエル司教は，どうしてジャンを許したのか」「本当にそれでよかったのか」「悪いことをした人は捕まえるべきなのではないか」という意見が出た。

そこで，まず，教材の中から見つけた子どもたちの共通の問題として，「ミリエル司教は，憲兵に連れてこられたジャンに対して，どうするべきか」という問題を設定して，話し合った。子どもたちからは大きく分けて次の3つの考えが出された。

①「警官に本当のことを伝え，ジャンを逮捕してもらう」。その理由は，「真実を伝えるのは当然のことであり，ジャンは罪を犯しているから逮捕されるべきである」というものであった。

②「知らないふりをして，自分はこれ以上，ジャンにかかわらない」。その理由は，「『君子危うきに近寄らず』ということわざにもあるように，これ以上関係をもつことで，さらに悪い影響がある可能性がある」というものであった。

③「ジャンの罪を許し，釈放する」。その理由は，「なかなかできることではないが，ジャン

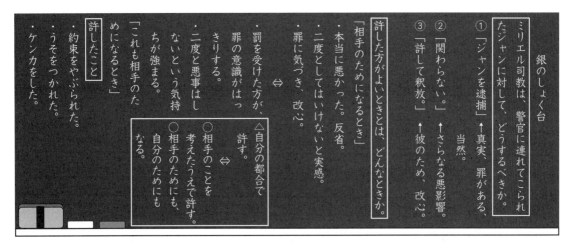

を許すことが彼のためになるのではないか」「ジャンを許すことで、彼の心が変わるのではないか」というものであった。

その後、話し合いは「色々な状況の中では、許さない方がよいときもあるだろうが、許した方がよいときもあるはずだ」という話題に変化してきた。

そこで、子どもたちの共通の問題として、「許した方がよいときとは、どんなときか」という問題を設定した。子どもたちからは、「許すことが相手のためになるとき」という意見が多く出たので、「相手のためになるときとは、どんなときか」と、さらにくわしく問いかけた。子どもたちからは「本当に悪かったと相手が反省しているとき」「二度としないと思っているとき」「自分の罪に気づき、心が生まれ変わったとき」などの意見が出た。

それに対して、「どんなときでも許した方がよいわけではない」「悪いことをしたときには、許さずにしっかりと罰を受けた方が、罪の意識がはっきりして、二度と悪いことはしないという気持ちが強まるのではないか」という意見も出た。「自分の都合で許すのではなく、相手のことを考えたうえで許すことが大切なのではないか」と寛容さについて考えを深めていった。

❸終末

導入で出された「相手を許したこと、相手を許せなかったこと」に関する子どもたちの生活経験と、教材を通して話し合った「許した方がよいときとは、どんなときか」という問題に対する考えを比べながら、相手を許すことのよさや許すときに大切なことについて、自分自身の考えをまとめ、子どもたち一人ひとりが考える「寛容」についてのイメージをたしかめた。

子どもたちは「相手を許すことが相手のためにもなり、自分のためにもなるということがわかった」「許すことは大切だけれど、何でもかんでも相手を許した方がよいというわけではないと感じた」などと、寛容についての自分の考えを強めたり、深めたり、まとめたりした。

(木村　隆史)

20 高学年 内容項目C-(12)規則の尊重
教材名：委員会活動

柳沼良太の"ココ"がおススメ！

　規則を尊重することは大事だが，なぜそれを守るべきかまではそれほど深く考えていないことが多い。この授業では，図書委員としてのよし子が，いかに自分の役割を適切に遂行できるかが焦点になっている。単に冷たくルールをつきつけるのではなく，利用者のたかし君を思いやったうえで，規則を尊重した解決策を考え議論するところに注目したい。色々なアイデアを出し合い，利用者に不便をかけない工夫をしている子どもたちの姿がたのもしい。

◆本時の問題解決的な学習のポイント◆

❶きまりと思いやりに対する価値観の関係性を吟味する

　本時のねらいは，「みんなのために働くときに，大切にすべき心とはどんなことか」というテーマを通して，規則尊重に対する価値観を深めるところにある。展開では，しっかりと役割を果たしながら図書委員として働く主人公の心の動きから，規則の大切さについて考えることを目的にしている。そこで，本時で問題とするのは，よし子さんが本を貸すのか，貸さないのかを判断することだけではなく，よし子さんが，「図書委員としての仕事をどのようにとらえ，図書室のきまりを，どうすればたかし君に納得してもらえるかが問題」である。きまりと思いやりに対する価値観の関係性を吟味することでねらいに迫りたい。

❷数直線図で友達と自分の考えを比較する

　本時では，道徳的な判断力を養うために二つの行為のうちどちらかを選択し，自分の意見をもってオープンなかたちで終わるという形態はとっていない。解決すべき課題を見つけ，解決策を考えるために数直線図を使っている。数直線図には，示された友達の意見と自分の考えを比較し，さらに新たな考えへと更新できるよさがある。また，マグネットを使って動かすことで考えの変容を自覚することができ，クラスで共有する学び合いのスタイルを確立できるよさがある。さらに，思考の動きを矢印や動かせるペープサートなどで工夫することで思考力を高めていくことができる。

◆指導案◆

(1) **主題名** きまりをささえる心
(2) **教材名** 「委員会活動」（出典：『モラルジレンマ資料と授業展開 小学校編』明治図書）
(3) **ねらい**
・きまりがあることによって自分たちの生活が暮らしやすくなるように保たれていることがわかる。
・普段，きまりを守ることを支えている心は，相手への気づかいであり，思いやりで支えられていることに気づき行動に移そうとする。

(4) **展開の大要**

	学習活動	ねらいにせまる手立て	子どもの反応
導入	1 仕事を気持ちよく続けるためにはきまりを厳しくした方がいいか，自由度を高くした方がいいか，考える。	・自分の生活を振り返り，現在の自分の問題としてとらえさせ，ねらいとする価値への関心・問題意識を高める。	・きまりが厳しいとやりにくいし自由すぎるとさぼってしまうね。 ・きまりについて深く考える必要があるな。
展開	2 教材について話し合う。 ①状況を把握する。 ②今日の解決したい課題について。 ・よし子が思いやりの心をもって本を貸すよさについて。 ・図書委員としてしっかりきまりを守って本を貸さないというきまりを守るよさについて。	・それぞれの立場・状況を把握させることで，よし子がぶつかった課題を考える際に，相手の立場や気持ちを考えながら自分の考えを深めるようにさせたい。 ・「図書委員としてたかし君にどう言えばいいか」を問う。 ・対話を通して，自分とは異なる考えが自分の考えとどのように関係しているのか，共通点，相違点をとらえながらきまりの中にある公徳心についての道徳的価値の理解に迫っていきたい。 ・「貸さない（きまり）の中にある『思いやり』とはどういうことか」を問う。	・よし子が本を貸したらそれは思いやりではなく同情だよ。 ・よし子はしっかりきまりを守って仕事をしているから信頼があるんだよ。 ・きまりのとらえ方に問題があるんだと思います。 ・きまりの中に思いやりがあるんだと思います。
終末	3 具体的な解決策を話し合う。（応用）	・子どもたちの生活と重ねて，展開で学んだ道徳的価値のよさをもとに具体的な解決策を検討していく。	・図書室のきまりのよさについて伝え，地域の図書館や友達に借りられないか，親身になって同じ本を探してあげる。

(5) **評価** ・相手を気づかいながら，きまりを守ろうとする心を公徳心ということを理解し，そのような心をもとに具体的な解決策を考えることができたか。

◆授業の実際◆

教材の概要 読書好きなよし子は，5年生になって図書委員会に入った。いつもしっかりと仕事をするよし子は，先生からも厚い信頼を得ていた。ある当番の日，下校時刻が近づき仕事を終わらせようとしていたときに，4年生のたかしが理科の調べ物を始めた。しかし，下校時刻になってしまい，たかしはよし子に貸出禁止の百科事典を1日貸してくれるように頼む。迷ってしまうよし子であった。

❶導入

　子どもたちの興味・関心を引きつけるために学校の仕事をイメージさせた。そして，仕事は誰のためにやるのかを話し合わせた。話し合いは，「自分」「みんな」という意見があり，図式化した。その中でモチベーションを保ちながら，仕事を長く続けるためにはどうしたらよいかという発問を投げかけた。すると「きまりをどうコントロールするかが大切」という意見が見られた。さらに「きまりと自由」との関係性について，数直線図を使って話し合い，きまりについての問題意識を高めたところで，「みんなのために働くうえでのルールの大切さについて考えよう」という問題を掲げて，展開で解決することにしたのである。

❷展開

　まず，条件・状況を把握する目的から「よし子は図書委員の仕事をどう思っているのか」「先生からはどう評価されているのか」「たかし君に頼まれたよし子は，なぜ困っているのか」など，それぞれの立場・状況・気持ちを把握させることで，よし子がぶつかった課題を考える際に，相手の立場や気持ちを考えながら自分の考えを深めるようにした。

　次に，今日の解決したい問題である「図書委員としてよし子はどうすればよいか」を問う。まず，「自分ならたかし君を思いやって本を貸すのか，きまりを守り貸さないのか」を話し合う。

C：これまで貸すうえでの思いやりのよい点ときまりを守ったよい点を話したけど，きまりの中に思いやりをぼくは感じるんだけどな。

T：きまりの中に思いやりなんてあるんですか？

C：きまりをつくっていくうえでみんなが納得するためには，思いやりがないとね。

T：え？　どういうことですか？　この場合で説明してください。

C：「きまりだから本を貸してはいけない」とたかし君に言ったって納得しないと思います。「どうして貸せないのか」「貸さないことでたかし君にどんないいことがあるのか」を説明してあげるみたいなことが大事だと思います。

C：なんかそこが解決策につながるような気がします。

　子どもたちは、「貸す、貸さない」という行為を対象とした問いから、自分たちで「きまりの中に思いやりはあるのか」という道徳的価値のよさについて問いを立てて話し合うようになったのである。道徳的価値のよさを吟味していくことで、より思考が深まった状態で自分たちの問題を解決していくことにつながると考えられる。子どもたちは「まず、たかし君の気持ちを理解する」「そんなに大切ならば、職員会議中でも先生を呼び出して事情を話す」「近くの図書館に電話して同じ本があるか聞いてあげる」「自分の立場を理解してもらえるように話したうえで、たくさんの人に相談する」などの意見があげられた。

❸終末

　終末では、展開で学んだことをまず確認した。子どもたちは、まず「きまりには人々の思いが大切で、人々の思いと自由とのバランスをとり、みんなが納得できるかが大切である」などと述べていた。また、相手への思いやりは「今だけでなく未来に向けて考えてあげることが相手には大切である」とも述べていた。最後に、今後の生活で今日の授業をどのように活用できるだろうかと尋ねたところ、「きまりの意味をよく考えて、他の人にも納得してもらいながらみんなで守っていきたい」などと述べていた。

子どもたちが板書して考え方を進化させ、思考をアクティブにさせる学び合い

（古見　豪基）

21 高学年　内容項目 C−(15)家族愛，家庭生活の充実
教材名：母の手伝い

柳沼良太の"ココ"がおススメ！

「自分の夢と家族の絆のどちらを優先すべきか」という問題は，簡単には解決できないだろう。そうしたときこそ，そもそも家族とはどのような存在か，これまでの自分やこれからの自分との関係でじっくり考えることができる。身近な存在だからこそ見えなかった大事な家族愛が見えてくる。この問題の当事者みんなが幸せになれる方法を協働して考え探究できる展開も有意義である。

◆本時の問題解決的な学習のポイント◆

❶第三の解決策に迫る

本時のねらいは，「家族とのつながり」について考え，自分の家族に対する価値観を深めるところにある。自分の追いかけてきた夢と家族の絆について考えることで，家族のよさについて考えることを目的にしている。そこで，本時では，「明子も含めてみんなが幸せになるためにはどうしたらよいだろう」という問いの解決に迫りたい。問題の当事者の互恵性を考えるためには，取捨選択ではなく，それぞれの道徳的価値のよさを考え，第二，第三などの解決策にクラスの合意により迫る必要があると考える。

❷価値観を吟味できる板書にする

上記のねらいに迫るためには，導入で子どもの問題意識を高める必要がある。導入では，子どもの家族観を「信頼」というキーワードをもとに，子どもと家族（親子）の関係だけを考えるのではなく，友達や兄弟との関係性を比較することで「家族とのつながり」とはどういうことかという自分の考えをもたせて授業に取り組んだ。

展開では自分の考えた立場（数直線図）をもとに，自分の夢を追うよさと家族を大切にするよさという価値観を吟味できる板書にした。終末の段階では，自分の考えをまとめるときには，道徳ノートにどちらを選んだかを書くのではなく，それぞれの道徳的価値のよさを学んだこととして書き，そのうえで，解決策を考えるように指導した。

◆指導案◆

(1) **主題名** 家族のために
(2) **教材名** 「母の手伝い」(出典：『モラルジレンマ資料と授業展開　小学校編』明治図書)
(3) **ねらい**・父母，兄弟を敬愛し，家族の幸せを求めて，進んで自分のできることをしようとする。
　　　　　・家族は話し合って助け合うことが大切であるという家族観を理解する。
(4) **展開の大要**

	学習活動	ねらいにせまる手立て	子どもの反応
導入	1　家族（父・母・兄弟・祖父母等）はどんな存在かを考える。	・自分の生活を振り返り，現在の自分の問題としてとらえさせ，ねらいとする価値への関心・問題意識を高める。	・友達と親とは違うな。 ・親には何でも相談できるな。 ・友達には違う相談をする。
展開	2　教材について話し合う。 ①状況を把握する。 ②今日の解決したい課題について。 ・チームに戻るよさについて。 ・家族のお手伝いを続けるよさについて。 3　問題の当事者の互恵性を問い，解決を図る。	・それぞれの立場の気持ちを把握させることで，明子がぶつかった課題を考える際に，相手の立場や気持ちを考えながら自分の考えを深めるようにする。 ・「明子はチームに戻るべきか，このまま家族のためにお手伝いをし続けるべきか」を問う。 ・対話を通して，自分とは異なる考えが自分の考えとどのように関係しているのかとらえる。 ・「明子も含めてみんなが幸せになるためにはどうしたらよいだろうか」を問う。	・でも，家族が大切でしょ？　家族の支えがないと将来バレーボールもできないよ。 ・自分の問題が起きたときに，家族のことも考える思いやりが大切だと思います。 ・自分の将来を考えない親はいない。ここできちんと相談することが家族なんだと思います。
終末	4　授業で学んだこと，考えたことを話し合う。 5　これからの生活で活用できることを考える。	・自分の経験を振り返り，家族のよさを考えていく。 ・言葉の内容を通して，価値を深め次回の学習へつなげる。	・家族と支えてくれる人々のつながりと，自分の思いやりのある行動や気づかいなどがつながり幸せに結びつく。

(5) **評価**・自分の追いかけてきた夢と家族の絆について考えることで，自分の家族にできることを考え，自分の意見をもつことができたか。

◆授業の実際◆

教材の概要 １年生のころから毎日バレーボールの練習を楽しみにしていた明子は，父親の単身赴任のために，今まで以上に家族のためにお手伝いをしなければならなくなった。バレーボールをやめてしまうことになったが，父母からも今まで以上に信頼されるようになり，家族の絆が一層深まっていると感じていた。しかし，バレーボール部の監督から戻ってほしいとお願いされてしまう。

❶導入

「価値観を考えることで問題を意識させる導入」として，「家族ってどんな存在？」と問いかけた。子どもがまずとらえている家族は両親であった。相談できるかどうかが大切だという意見をもとに，「友達」「兄弟」などを比較材料として問いかけた。子どもは，「真剣な悩みは親に相談する。信頼度は親の方が高い」という意見に同意していた。そして，「信頼」という道徳的価値をもとに，「信頼できるのが友達では？」と問い返した。すると「これまで生活の面倒をみてくれているので，その分，感謝する気持ちが親にはあるのだと思います」などの意見が出された。

❷展開

まず，問題の状況を把握するために，明子が家族をどのように考えているか，バレーボールをどれくらい大事に思っているかなどを確認する。そして，明子がぶつかった課題を考える際に，相手の立場や気持ちを考えながら自分の考えを深めるようにする。

次に，「明子はどうしたらよいか」を問う。具体的には，「明子はチームに戻るべきか，このまま家族のためにお手伝いをし続けるべきか」を問い，自分はどのように考えているのかを明確に表した。数直線上に「『夢』３　２　１『まよい』１　２　３『お手伝い』」と書いて，自分の考えがどの位置にあるかを確認し，その理由を述べ合った。

C：私は，お手伝いの２です。なぜなら，さっきＡさんが言っていたのですけど，家族あっての自分のやりたいことだと思います。
C：ぼくは，夢を追いかける３なのですが，家族の人ともう少し真剣に話し合えば，やめることはないと思います。
T：え？　夢の３番の人は家族のことは考えていませんよね？
C：いやいや。私も自分の夢を追いかける側なのですが，弟や母親と時間や手伝いの内容について相談するべきだと思います。

子どもは，自分の考えを守るための話し合いではなく，自分の考えをさらに深めるための話し合いへと深化していた。このような話し合いから「自分の問題が起きたときに，家族のことも考える思いやりが大切だと思います」という家族観が深まった考えをもつ子が現れた。

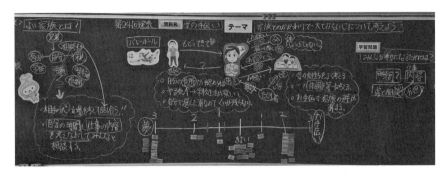

C：お母さんの思いやりが見えていません。明子がしっかり自分の気持ちを話すことで、明子の思いやりとお母さんの思いやりが見えてくるのだと思います。

C：そうか。それを弟やお父さんにもすればいいんだな。この話はやっぱり明子さんの思っている一方的な悩みだからね。

C：思いやりがつながると絆が深まるね。

T：さっきBさんが言っていた絆と違いますね。

C：Bさんの考えは、明子さんが我慢して背負っている絆で、今回はお互いがわかり合った絆です。

　このように家族みんなが幸せになる方法を考え、家族愛について認識を深めていった。問題の当事者の互恵性を考えるための発問「明子も含めてみんなが幸せになるためにはどうしたらよいだろう」を通して、子どもは思いやりがつながるために、「時間」の調整、「お手伝いの内容」、「家族の納得による分担」などのキーワードをもとに自分の経験と照らし合わせながら解決策を考えていった。また、家族を大切にするためには、「コーチにもお手伝いの話し合いに参加してもらう必要がある」など、家族を支える要素は様々な人の協力で成り立っていることにも気づいた。さらに、それは自分の幸せや可能性を広げることにもつながることを学んだ。

❸終末

　今日の授業で学んだこと、考えたことを話し合った。「家族とのつながりが大事だと思いました。家族の用事とあるときは、家族を大事にしたいけれど、親にもよく相談して決めたいと思います」などという意見が出た。また、「これからの生活に生かせることはあるだろうか」と尋ねた。すると、「何か問題があったら家族や関係者と話し合って、思いやりのある行動や気づかいをして、みんなとのつながりを大切にしたい」という返答があった。

　今回の問題解決の学習では、ただ道徳的価値に対して二者択一にするのではなく、それぞれの道徳的価値を吟味したうえで解決策を考え判断していくという学習形態を大切にした。子どもは、初めは自分の立場を考えるうえで自分の考えに固執しがちであったが、教師からの発問で様々な解決策を多面的・多角的に考えるようになり、実行へと結びつく原動力になった。

（古見　豪基）

22 高学年　内容項目 C−(17)伝統と文化の尊重,国や郷土を愛する態度
教材名：人間をつくる道─剣道─

柳沼良太の"ココ"がおススメ！

　礼儀や伝統文化は，何のためにあるのか子どもにはわかりにくいところがある。そこで，主人公が剣道の稽古や試合で葛藤している問題を取り上げ，どうしたらよいかを考える展開になっている。礼を重んじることは，相手に敬意を払うことになり，自分も敬意を払われ，お互い美しく端正な姿になる。そうした礼儀や伝統文化に対する認識が深まることで，剣道も強くなり，人間的にも成長していくことを自覚できるようになる。

―◆本時の問題解決的な学習のポイント◆――――――――――

❶本時で考える問題を精査する

　本時のねらいは，「日本人が大切にしてきた心について考える」というテーマを通して，日本人が大切にしてきた心の一つである「礼儀」を考えることで「伝統」に対する価値観を深めるところにある。展開では，習いごとの剣道が上達せずに葛藤している主人公の心の動きから，礼儀を通した伝統の大切さについて考えることを目的にしている。

　そこで，本時で問題とするのは，「勝負で喜怒哀楽を表現するかどうか」ではなく，「自分の感情をコントロールする中で，相手に敬意を払う心にどのような人間的なよさがあるのか」である。

❷習いごとと関連づける

　本時では，これまで学んできた「礼儀」について，宿題としてノートにまとめてくることで道徳的価値についての思考を高める手立てをとった。また，自分が行っている習いごとに対して，「どんな努力をしているのか」「周りの人はどのように思っているのか」「今後はどのようにしていきたいのか」という観点でノートに自分の考えをまとめさせた。

　こうして本教材で学ぶ主人公の立場から「今度どうすればよいか」を考えられるようにした。展開で学んだことをもとに，終末では自分の今後の活動を考える際にしっかりと自分を見つめられるような手立てをとった。

◆指導案◆

(1) **主題名** 日本人の大切な心
(2) **教材名** 「人間をつくる道―剣道―」（出典：「私たちの道徳　小学校五・六年」文部科学省）
(3) **ねらい** ・我が国には，人々がこれまでに長い時間をかけて大切に育んできた伝統文化があることがわかる。
・剣道を通して礼儀の意味を知り，礼儀のよさを受け継ぎ発展させていこうとする意志をもつことができる。
(4) **展開の大要**

	学習活動	ねらいにせまる手立て	子どもの反応
導入	1 どうして日本人は礼儀を大切にしてきたのか考える。	・自分の生活を振り返り，現在の自分の問題としてとらえさせ，ねらいとする価値への関心・問題意識を高める。	・引きしまった気持ちで活動できるから。 ・相手に感謝の意味をもつから。
展開	2 教材について話し合う。 ①状況を把握する。 ②今日の解決したい課題について。 ・主人公はどうすればいいか。 ・「礼に始まり，礼に終わる」とはどういう意味だろうか。 ・自分の考えを明確にしてグループになって話し合いをする。	・それぞれの立場・状況の気持ちを把握させ，主人公がぶつかった問題状況を理解する。 ・主人公が上達せずに葛藤している場面でどうすればいいかを考える。 ・大人の試合を見て気づいた礼儀のよさについて「自分と相手」という視点を大切に考えさせる。 ・なぜ剣道では勝敗にかかわらず，態度で感情を表現してはならないのか。 ・自分のスポーツ体験と比較しながら，剣道が大切にしている心を理解させ，自分の活動の力となるようにする。	・剣道は礼儀に厳しい。なぜこんなにこだわるのだろう。 ・剣道を楽しくやるにはどうしたらいいのかな。 ・一生懸命練習して我慢してきたから冷静にできるんだ。 ・勝っても相手のことを考えているんじゃないかな。 ・自分は勝って喜びを表現した方がやる気がまたでるな。 ・自分が勝負できるのは相手がいるからだよ。相手に感謝の心を示しているんだよ。
終末	③具体的な今後の活動について話し合う。（応用） 3 今日学んだ日本人の大切な心を今後どこで生かしていきたか考える。	・子どもたちの生活と重ねて，展開で学んだ道徳的価値のよさをもとに具体的な解決策を検討していく。	・この礼儀のよさをスポーツで生かせれば，落ちついて物事を判断できるからさらにレベルアップするね。

(5) **評価** ・自分が国や郷土の伝統と文化の影響を受けて成長してきたことがわかり，それを受け継いでいく必要があるという意志をもつことができたか。

◆授業の実際◆

教材の概要 主人公の「ぼく」は剣道の稽古に通っている。剣道の細かいきまりごとにとまどいながらも稽古を続けてきたが，試合では1回戦で負けてしまう。ふてくされた態度でいると，先生から「剣道をやる資格はない。他の試合をよく見てみなさい」と言われる。大人の試合を見ると，その動きの美しさに感動するとともに，礼の心を知った。次の稽古で先生の話を聞き，剣道は日本人が大切にしてきた「人間をつくる道」であることを理解した。

❶導入

まず，「どうして日本人は，礼儀を大切にしてきたのでしょうか」と発問する。子どもたちは，礼儀の基本的なものとしてあいさつをあげ，こうしたあいさつをしないと相手への印象が悪くなると述べた。そして，あいさつは相手を「思いやる心」の表れだと述べた。

また，こうした思いやる心が広がったものが「おもてなし」であり，日本人が大切にしてきた心であるとも述べた。

さらに，宿題で調べてきたこととして「千利休のおもてなし七か条」を説明した子がいた。伝統文化の尊重という道徳的価値についての問題意識を高めて展開へとつなげた。

❷展開

主人公の立場や問題状況を把握する。そのために，主人公の何が問題なのか，どうして剣道が上手にならないのかなどを聞いた。そして，主人公が剣道の形式をわずらわしく思い，礼の意味もわからずにいることが問題になっていることを確認した。

次に，「これから主人公はどうすればいいか」を考える。主人公は「礼」の意味がわからず，剣道の細かいきまりや厳しい稽古に嫌気がさしている。これを解決するために，「どうして剣道はこんなに礼儀にこだわるのか」を考えたいという子どもが現れた。そして，教材の後半にある「大人の試合を見て美しいと感じた」ところに大切な考えがありそうだという点に気づいた。

T：主人公が大人の試合を見て美しいと感じたところはどこだろう。
C：動きだけでなく，負けたのに立派な態度で引きあげたところです。
C：我慢が美しいのかな。負けた側だけの問題なのかな。
C：勝った側も美しいと思ったんだよ。だって勝ったのに喜んでないよ。
T：そこのあたりに何か大切な心がありそうですね。これについて4人グループになって話し合いましょう。
C：勝った側は，負けた側に思いやりの気持ちを示しているのだと思う。
C：喜んだら負けた相手のプライドが傷ついてしまう。剣道は相手の心を大切にしているんだ。

C：勝負ができるのも，相手がいるからだよ。
C：「礼に始まり礼に終わる」とは相手の心を大切にした礼儀のことなんだね。
T：相手のことを敬うとは？　負けた相手を尊敬するの？
C：勝っても負けても謙虚な態度をとることが大切なんだと思う。謙虚な人は，たくさんの人からたくさん学ぶから成長するスピードも速いと思う。
T：自分の習いごとにもこの礼儀のよさを取り入れることができるかな。
C：俺は勝ったらガッツポーズしてしまうわ（笑）
C：でも，全力で試合をした相手に感謝の気持ちをもつことはできるね。
C：その方が，またお互いに練習をしてライバルみたいに高め合える仲間みたいな関係も築けて，今後も楽しくできそうだしね。

　こうして主人公が礼儀の意義を理解し，相手を敬う態度をとることで剣道も上達すると考えた。また，展開の終盤では，学んだことを実生活に生かす観点を考えてもらった。この日本人が大切にしてきた礼儀のよさを吟味することで，終末の具体的な実践を考える手がかりとなった。

❸終末

　終末では，まず，子どもたちは，日本人が礼儀を大切にしていることを確認した。それは相手への感謝や尊敬の意味を表している。こうした感謝の心をもつ人間は謙虚であり，謙虚な人間は学ぶ姿勢が身について，成長することができる。また，そういう人間関係を築くと，さらに高め合える友達関係を築けて稽古も楽しくなるということを学んだ。

　以上の学びを踏まえて，今後の自分の習いごとについて考えた。子どもたちは宿題で整理してきたことをもとに，授業で学んだことに照らして具体的な実践計画を立てた。例えば，次のような子どもの作文があった。「ぼくは，サッカーで今までボールを自分で何とかしようと自分勝手なことしか考えていませんでした。今日の練習からチームのメンバーがどのように思っているのか，相手チームのよいところを見つけるために，礼儀をしっかりして，思いやりのある言葉をかけていこうと思います」

（古見　豪基）

23 教材名：二つの命
高学年　内容項目 D−(19)生命の尊さ

柳沼良太の"ココ"がおススメ！

　生命が大事であることは誰でも理解している。しかし，限られた時空間に住んでいる我々は，時に生命の軽重を考えることがある。自分の命，身内の命，他人の命，動植物の命など様々な視点から生命尊重の意義を考えることができる授業である。可能な範囲で関係者すべてを幸福にできる方法はないのか，本気で考え議論することになるだろう。無責任なオープンエンドではなく，子どもの考えに寄り添いながら議論を深めていく工夫もなされている。

◆本時の問題解決的な学習のポイント◆

❶具体的な場面をもとに命の大切さを考える

　小学生に「命は大切だろうか」と問いかければ，ほぼすべての子どもが「大切だと思う」と答えるだろう。しかし「では，なぜ大切なのか」と問い返しても，「ひとりに一つしかないから」というような，一般的な答えしか返ってこないと予想される。それほど，命の大切さを語ることは難しいことであり，一般的な言葉になってしまうのである。したがって，生命の尊さで扱う教材については，場面を設定することで，「命の大切さ」について具体的に語ることができるようにし，どのような命の大切さがあるかを気づかせたい。

❷違う立場の命の大切さに気づかせる

　問題解決的な学習では，主人公の「ぼく」が危篤状態の祖母のもとへ向かうか，目の前の負傷した女性を助けるかを判断することを通して命の大切さを考えたい。
　初期の段階では，祖母のもとへと向かう理由は，祖母の命がある間に手の温もりを感じたり，自分を育ててくれたことへの感謝を伝えたりしたいという思いがあり，女性を助ける理由は，自分には第一発見者としての責任があり，自分が助けなければ女性の命が失われてしまうかもしれないことなどがある。授業を通じて，違う立場の命の大切さに気づかせたり，深めたりしていきたい。本時の授業では，どちらが正しいと結論づけず，オープンエンドで授業を終えるが，その根底にはどちらも命の大切さがあることを押さえる。

◆指導案◆

（1） **主題名** 命の大切さ
（2） **教材名** 「二つの命」（自作教材）
（3） **ねらい**・命は一つ一つ歴史があって存在し，もとには戻せないかけがえのないものであることを理解し，命を尊重することができる道徳的判断力を養う。
（4） **展開の大要**

	学習活動	ねらいにせまる手立て	子どもの反応
導入	1 「命」の大切さについて考える。	・普段考えたことのない「命」について考えることで，学ぼうとする意欲を高める。	・ひとりに一つしかない。 ・なくなったらもとに戻せない。
展開	2 教材を範読する。 ・ここでの問題点を考える。 ・祖母のもとへ行くか，若い女性に応急処置をするかを個人で考える。 ・班や学級で話し合う。 ・授業の内容を振り返る。	○「女性にも大切な人や，子どもがいるのではないのだろうか」 ・「おばあちゃんがいつまで生きているかわからない。もしかしたらもう会えなくなるかもしれない」と投げかけ，女性や祖母の命を大切にしようとする視点を与えたり，考えを深めたりする。 ・班で一つの意見にするという目標を与えることで，お互いの意見を聴き合い，視野を広げることができるようにする。 ・すべての解決策に命を大切にしようとする考えがあることを押さえる。	【祖母のもとへ行く】 自分を育ててくれたおばあちゃんだし，この機会を逃すと二度と会えなくなってしまうから，119番通報だけする。 【女性を助ける】 事故現場を発見したのは自分だし，自分が助けないとその人は死んでしまうかもしれないから，女性を助ける。
終末	3 命の大切さについて，自分の中で深まったことを振り返る。	・考える前の自分の「命」のとらえ方と比べて書くように伝えることで，自らの深まりを感じることができるようにする。	・なぜ命が大切かを理解することができた。これから命を大切にし，生活したい。

（5） **評価**・様々な視点から命を大切にしようとする道徳的判断ができたか。

◆授業の実際◆

教材の概要 主人公の両親は共働きで，小さいころは祖母に面倒をみてもらっていた。祖母はとても優しく，勉強を教えたり，嫌なことがあったときに相談に乗ってくれたりした。そんな祖母に，主人公は大きくなったら恩返しをしたいと考えていた。ある日，祖母が突然倒れたという知らせを聞き，主人公は真夜中の田舎道を急いだ。しかし，道中で事故現場に出くわした。運転手は若い女性で，頭から血を流している。女性を助ければ，おばあちゃんに生きている間に会うことができなくなってしまうかもしれないが，女性をそのままにしてしまうと，女性は助からないかもしれない。

❶導入

「命はなぜ大切なのだろうか」と問いかける。子どもからは「ひとりに一つしかないから」「失ったら戻せないから」というような考えが出てくる。教師は意見を板書に位置づけ，共感した後，「命が大切なことはわかるけれど，すべての命が同じくらい大事なのかな。例えば，自分の命，家族の命，他人の命，動物や植物の命，色々あります。すべて同じくらい大事ですか」と投げかける。子どもは首を傾げて悩み始め，「う〜ん」と言いながら考えていた。

❷展開

教師が教材を範読した後，問題解決的な学習に入る。まずは問題点を明らかにするために，「今ここで何が問題になっているでしょうか」と問いかける。子どもからは「おばあちゃんのもとへ行こうと急いでいた途中なのに，けがをした女性を見つけてしまったこと」「手当てをしているとおばあちゃんに会えなくなってしまうかもしれないし，手当てをしないと女性は助からないかもしれないこと」という考えが出てくる。

教師は「主人公はどちらにしようか迷っているんだね。みんなが主人公だったら，どうしますか」と問いかける。ここでの問題点と解決策を整理すると以下のようになる。

【問題点】
　おばあちゃんのもとへ急ぐか，女性に応急手当てをするか。
【おばあちゃんのもとへ行く理由】
・今までぼくを育ててくれた。
・もしかしたら死んでしまうかもしれない。
・恩返しができなかったから，せめて最後に感謝の気持ちを伝え，見送りたい。
【女性を助ける】
・自分が発見したのだから，助けるのは当然である。
・自分が助けなければ死んでしまうかもしれないから，応急手当てをする責任がある。

> みんなが主人公だったら、どうする？
>
> 【おばあちゃんのところに行く】
> ・今まで育ててくれた。
> ・感謝の気持ちを伝えたい。
> 　せめて「ありがとう」と言いたい。
>
> ・自分が直接何かできることは
> 　ないかもしれないが、
> 　そばに行って勇気づけたい。
> ・おばあちゃんを助けたい。
>
> 【女性を助ける】
> ・自分が発見したから、
> 　助けるのは当然だ。
> ・自分が助けなければ、死んでしまう。
>
> ・女性にも家族がいて、子どもがいる
> 　かもしれない。死んでしまったら、
> 　その家族が悲しんでしまうと考える
> 　と、助けなければいけない。
>
> 二つの命
> なぜ命は大切なのか
> ・ひとりに一つしかない。
> ・失ったら戻らない。

　個人の意見をワークシートに書いた後、班で交流する。班交流では、班で一つの意見にまとめることを目標にして話し合うようにすることで、仲間の意見を聴き、命の大切さについての視野を広げることができるようにする。

　教師はその際に机間指導を行い、①祖母のもとへ行くという考えに対しては、「女性にも家族や子どもがいるかもしれない。自分がその子どもだとしたら、どう思うか」と問いかけ、女性の命についての視点を与え、かけがえのないものであることを考えることができるようにする。②女性を助けようとする考えに対しては、「おばあちゃんがいつまで生きているかわからない。もしかしたらもう会えなくなるかもしれない」と語り、祖母の個としての命についての視点をもつことができるようにする。ここで班での立場を、数直線を使って表す。1が「祖母のもとに行く」、4が「女性を助ける」として4件法を使う。その間の「2」や「3」を選んだ場合は、その折衷案を考える。例えば、2「救急車を呼んで、すぐに祖母のところへ急ぐ」、3「女性を全力で助け、落ちついたら祖母のところに行く」などの意見が出た。最後に班でまとめた結果を全体で交流する。教師はすべての解決策の中に、祖母の命も女性の命も両方とも大切にしようとする思いがあったことを認める。

❸終末

　終末では本時全体を振り返り、導入時に考えた問い「なぜ命は大切なのか」について再び考える。自分の命だけでなく世話になった家族の命、そして他者の命もすべて大事であることに気づく。子どもからは、「人には一人ひとり命があって、その人を大切に思う人がいる。そして、その命は失われてしまったらもとには戻らないから、その人を大切に思う人はとても悲しい気持ちになる。だから自分にとっても、その人にとっても命はすべて大切なのだと思う」というような考えが出た。

(加納　一輝)

二つの命

　真夜中，田舎道でぼくは急いで車を運転していた。「実家のおばあちゃんが突然倒れ，危篤状態になった。急いでくるように」と両親から連絡が入ったからだ。

　ぼくが子どものころ，両親は共働きで，おばあちゃんがかわりにぼくの面倒をみてくれた。家に帰ってきたら「お帰りなさい」と言ってくれるし，勉強でわからないところがあれば一緒に考えてくれる。学校で嫌なことがあったら相談にも乗ってくれた。おばあちゃんのおかげでぼくはまっとうな人間に育つことができたと思っている。「大きくなったらおばあちゃんに恩返しをしよう」，そう考えていた。

　ぼくは大学を卒業した後，実家から少し離れた場所の会社に勤めていた。仕事が忙しく，なかなか実家に帰る時間がとれなかった。そんな矢先での知らせだった。
　ぼくが大人になるにつれて，おばあちゃんも年を重ねていた。おばあちゃんはたしか80歳を越えていたはずだ。まだ，ぼくはおばあちゃんに何も恩返しをしていない。病院に行って生きている間に手を握り，話をしたい，話はできないかもしれないけど，ありがとうと言いたい――。楽しかった思い出と，今まで何もできなかった後悔を胸に抱えながら車をとばしていると，前方に車が停まり，道をふさいでいた。

　（急いでいるのに……！）
　ぼくはそう思いながら車を降り，状況を確認しに行った。なんと，その車は電柱にぶつかって止まっていたのである。運転手の人は若い女性だった。頭から血を流し，気絶しているように見えた。
　真夜中の田舎道で，周りには誰もいない。救急車を呼ぶにしても，到着までかなりかかるだろう。その間に応急手当てをしなければ，この人は助からないかもしれない。しかし，ここで助けていたらおばあちゃんに会うことができない。道は少し無理をすれば通れそうだ。しかし……。ぼくは混乱する頭で必死に考えようとしていた。

（文：加納一輝）

◆ワークシート◆

命はなぜ大切なのでしょうか

| 授業のはじめのあなた | 授業のおわりのあなた |

あなたなら，どうしますか？　自由に考えてみましょう。

振り返り

24 高学年　内容項目　D−(22)よりよく生きる喜び
教材名：恩讐の彼方に

柳沼良太の"ココ"がおススメ！

「恩讐の彼方に」は重厚で文学的な教材だが，よりよく生きることを求めて人生の問題解決をする学習にも活用できる。人のために21年間も岸壁を掘り続けた市九郎の偉業もすごいが，その市九郎に自分の父親を殺されながら，その作業を手伝った実之助の苦悩もすさまじい。両者の立場を深く理解したうえで「どうすべきか」を考える決断は，子どもたちによりよく生きることの意味を根底から考えさせるだろう。

◆本時の問題解決的な学習のポイント◆

❶人生にかかわる大きな問題を取り上げる

本授業で用いた教材「恩讐の彼方に」はかなり長文なので，1時間の授業で扱うのは難しい。そこで，あらかじめ家庭学習で教材を読ませてから授業に臨んだ。導入で一番心に残ったところとその理由を発表させたところ，子どもたちが一番問題意識をもったのは，市九郎が自分の犯した罪を償うために21年間も岸壁を掘り続けたことであった。そこで，本時では，21年間岸壁を掘り続けた市九郎の行動について考えることを通して，「人間としてよりよく生きるということは，どのようなことだろうか」という問題に迫ることにした。小学校高学年では，生活上の問題だけでなく，このような人生にかかわる大きな問題を取り上げることも大切である。

❷4人組での話し合いを活用する

本時では，市九郎が自分の犯した罪を償うために21年間も岸壁を掘り続けたことについて考えさせる際，一斉指導ではなく，4人組で話し合わせた。高学年では，授業における問題を解決するのに，教師主導の一斉指導だけで解決するのではなく，子どもたちだけで問題の解決に取り組む場面をつくることが大切である。また，本時においては，市九郎の偉業だけでなく，自分の父親を殺した市九郎を許した実之助についても考えさせた。その際，「もし自分だったら，自分の父親を殺した人間を許せるか」ということについて考えさせた。このように，「自分だったらどうだろうか」と考えることは，問題解決的な学習においては大切である。

◆指導案◆

（１） **主題名** よりよく生きる喜び

（２） **教材名** 「恩讐の彼方に」（出典：『13歳からの道徳教科書』育鵬社）

（３） **ねらい**
・自分の犯した罪を償うために岸壁を掘り続けた市九郎について考えることを通して，よりよく生きようとする人間の強さや気高さを理解し，人間として生きる喜びを感じる。
・自分の父親を殺した相手を許す実之助について考えることを通して，他人の過ちを許す広い心を養う。（関連価値：寛容）

（４） **展開の大要**

	学習活動	ねらいにせまる手立て	子どもの反応
導入	1 「恩讐の彼方に」を読んで一番心に残ったところを発表する。	・事前に教材を読ませておく。 ・なぜそこが一番心に残ったのか，理由も発表させる。 ・話し合いを通して，本時で解決する課題を決めさせる。	・市九郎が寝ることも食べることも忘れて岸壁を掘り続けたところ。普通だったら，21年間も続けることはできないから。
展開	2 「恩讐の彼方に」について話し合う。	○「罪を償うために岸壁を掘り続けた市九郎をどう思いますか」 ○「もし自分だったら，自分の父親を殺した人間を許せますか」 ・4人組で話し合いをさせる。 ・黒板に自分のネームプレートを貼り，自分の立場を明確にして話し合いをさせる。	・罪を償うために21年間も岸壁を掘り続けた市九郎に感動した。 【許せない】 どんなにいいことをしても，自分の父親を殺したことにかわりはないから。 【許す】 仇を討ったとしても，父親が生き返るわけではないし，人を殺したという罪悪感が残るから。
終末	3 今日の学習を振り返り，自分の考えをまとめる。	・今日の授業で学んだことを道徳ノートに書かせる。	・死んだ人は生き返らないから，どんなことをしても罪を償うことはできない。でも，苦しんでいる人を助けたことは，すばらしいと思う。自分も人のためになることをしたい。

（５） **評価** ・よりよく生きようとする人間の強さや気高さを理解し，人間として生きる喜びを感じることができたか。

◆授業の実際◆

教材の概要 若侍・市九郎は，主殺しの大罪を犯してしまう。市九郎は逐電し，強盗や人殺しなどの悪事を重ねる。しかし，あるとき，市九郎は悪事を犯すことに嫌気がさし，美濃の浄願寺に駆け込む。市九郎は，ひたすら仏道修行をし，名も了海とあらためる。得度した彼は，諸国遍歴のおり，九州の耶馬溪の難所を見て，この200間あまりの絶壁をくりぬいて道を通じようと発願，人々に寄進を求めるが誰も耳を傾けず，彼は独力でこの大業にあたろうと決心した。里人の嘲りにも動じず，19年間，洞門をうがちつづけた。一方，父の仇を捜して8年，市九郎が殺した主の遺児がようやくこの地にたどりつく。了海に援助をし始めていた里人たちは，仇討ちはせめて貫通の後でと押しとどめた。2人が並んでのみをふるうこと1年半，ついに洞門は貫通した。2人はすべてを忘れ，手を取りあって涙にむせんだ。

❶導入

「『恩讐の彼方に』を読んで一番心に残ったところはどこか」と問いかけた。すると，「市九郎が罪を償うために21年間も岸壁を掘り続けたところが一番心に残った」という子どもが多かった。そこで，本時で考える問題を「罪を償うために岸壁を掘り続けた市九郎をどう思うか」「もし自分だったら市九郎を許せるか」と設定した。

「恩讐の彼方に」は，子どもたちの生活からはかけ離れた教材だが，それでも「もし自分だったら」と考えることにより，これからの人生で出会うであろう問題を解決する力が養われるのではないだろうか。

❷展開

まず，「罪を償うために岸壁を掘り続けた市九郎をどう思うか」について4人組で話し合った。本学級でのグループ学習は，以下の手順で行っている。①班のみんなで向き合い，顔を合わせる。②まず，班長が自分の考えを発表する。③次にみんなが順番に自分の考えを発表する。④考えの思いつかない人は，友達の考えを聞いて，自分の考えにしてもよい。⑤同じ考え，違う考えについての話し合いをする。⑥最後に，いくつの考えになったのかをたしかめて，発表者を決めてもとに戻る。班ごとの考えは，以下のようであった。

1班：自分の犯した罪を償うために21年間かけてやりぬいたことは素晴らしい。
2班：多くの人を殺したが，21年間かけて多くの人を救ったのはすごい。
3班：自分の犯した罪を反省し続けたことは，すばらしい。
4班：21年間岸壁を掘り続けたのはすごいが，人を殺した罪は消えない。
5班：たとえ，岸壁を掘り続けても，殺した人は返ってこない。
6班：殺した人は返ってこないが，罪を償うために21年間も岸壁を掘り続けたのはすごい。
7班：人を殺したけれど，岸壁を掘ったことで，何人もの人を助けたから，すごい。

8班：人を殺したのだから，当然の償いだ。殺された人の命は返ってこない。
9班：21年間岸壁を掘り続けたことは，すごい。
10班：自分にはできない。市九郎は，意志が強い。

　「罪を償うために21年間も岸壁を掘り続けたことはすごい」という考えとともに，「いくら岸壁を掘り続けたとしても，殺された人の命は返ってこないのだから，罪を償ったことにはならない」という考えも出てきた。全体で話し合ったところ，「人を殺したのだから，いくらよいことをしたとしても罪を償ったことにならない」という意見が多かった。これは生命尊重に関することで，授業のねらいにはなかったが，授業の中で取り上げた。

　次に，4人組で「もし自分だったら，自分の父親を殺した了海を許せるか」と問いかけた。ここでは，やはり「許せない」と答えた子どもが多かった。さきほどの問いと同様に，「どんなによいことをしても，自分の父親を殺したことにかわりはないから」「人の役に立っても罪は消えない」という理由が多かった。
　「許す」と答えた子どもには，「仇を討ったとしても，父親が生き返るわけではない」「今度は自分が人を殺したという罪悪感が残る」「了海は罪を償うために21年も岸壁を掘り続けたのだから，少しは許したい」「命をとる必要はない」などの意見が出た。その中には「実之助は了海を許したというよりも，人々のために命がけで頑張る立派な僧を殺せない，と考えて父の仇である了海を殺さなかったのだと思う」という深い考えを示した子どももいた。ここで，物語の最後に，実之助と了海がすべてを忘れ，手を取りあって涙にむせんだことの意味もあわせて考えた。
　こうした話し合いの後，「許せない」と答えた子どもたちの中からも，条件つきで許すことも考える者も現れた。罪を犯した了海を一生無条件で絶対許さないわけではなく，了海が今後どのように生きるかを見届けて，仇討ちするかどうかの判断をする意見も出てきた。

❸終末

　今日の授業で学んだことを，各自ノートに書かせてから発表させた。小学生にとっては長文で難しい内容の教材だったが，子どもたちなりに「よりよく生きようとする人間の強さや気高さ」を理解し，中学進学を前によりよく生きようという意欲をもつことができた子どももいた。以下にそのような子どもの考えを紹介する。
　「市九郎は，人を殺してその償いをしようとしましたが，償いと善行は違います。ぼくは，償いではなく善行ができるようになりたいです」「罪を犯した人でも，苦しんでいる人々を助けたことは，すばらしいと思う。何かあれば自分も人のためになることをしたい」

（山田　誠）

【執筆者紹介】（執筆順）

柳沼	良太	岐阜大学大学院教育学研究科准教授
幸阪	創平	東京都杉並区立浜田山小学校
近藤	健	早稲田実業学校初等部
星	直樹	早稲田実業学校初等部
竹井	秀文	愛知県名古屋市立下志段味小学校
山田	誠	筑波大学附属小学校
水野	晋吾	愛知教育大学附属名古屋小学校
鈴木	芽吹	東京都中野区立塔山小学校
加納	一輝	岐阜大学大学院教育学研究科
古見	豪基	埼玉県和光市立第五小学校
木村	隆史	東京都豊島区立豊成小学校

【編著者紹介】

柳沼　良太（やぎぬま　りょうた）
早稲田大学大学院文学研究科博士後期課程修了，博士（文学）。早稲田大学文学部助手，山形短期大学専任講師を経て，現在，岐阜大学大学院教育学研究科准教授。中央教育審議会道徳教育専門部会委員。

山田　誠（やまだ　まこと）
明星大学人文学部心理教育学科卒業（専門は道徳教育）。東京都公立小学校教諭を経て，現在，筑波大学附属小学校教諭。NHK道徳教育番組「時々迷々」（中学年）「道徳ドキュメント」（高学年）番組委員を務める。

小学校　問題解決的な学習で創る
道徳授業パーフェクトガイド

2016年9月初版第1刷刊	Ⓒ編著者　柳沼　良太
2017年11月初版第3刷刊	山田　誠

発行者　藤原　光政
発行所　明治図書出版株式会社
　　　　http://www.meijitosho.co.jp
（企画）茅野　現　（校正）茅野・嵯峨
〒114-0023　東京都北区滝野川7-46-1
振替00160-5-151318　電話03(5907)6701
ご注文窓口　　　　電話03(5907)6668

＊検印省略　　組版所　長野印刷商工株式会社

本書の無断コピーは，著作権・出版権にふれます。ご注意ください。

Printed in Japan　　ISBN978-4-18-261027-1
もれなくクーポンがもらえる！読者アンケートはこちらから →

道徳授業における問題解決的な学習のすべてがここに！

問題解決的な学習で創る道徳授業　超入門

「読む道徳」から「考え、議論する道徳」へ

柳沼良太　著

●A5判　●136頁　●本体1,900円＋税　●図書番号2062

「新学習指導要領解説　特別の教科　道徳編」に、新しく明記された問題解決的な学習。はたして道徳授業における問題解決的な学習とは。本書では、長年、道徳授業における問題解決学習を研究してきた著者が、理論、発問や板書などの実践のポイントなど、すべてを解説。

新学習指導要領のねらいを具体化するパーフェクトガイド

平成28年版
新学習指導要領の展開
特別の教科　道徳編

小学校　　永田繁雄　編著
中学校　　柴原弘志　編著

●A5判
●208頁
●本体1,900円＋税
●小学校：図書番号2711
●中学校：図書番号2731

新学習指導要領の内容に沿いながら、教科書や評価といった道徳改訂のキーポイントについて詳しく解説。また、内容項目ごとの指導ポイントや問題解決的な学習を生かした新たな授業プランも掲載。

明治図書　携帯・スマートフォンからは **明治図書ONLINE** へ　書籍の検索、注文ができます。▶▶▶
http://www.meijitosho.co.jp　＊併記4桁の図書番号（英数字）でHP、携帯での検索・注文が簡単に行えます。
〒114-0023　東京都北区滝野川7-46-1　ご注文窓口　TEL 03-5907-6668　FAX 050-3156-2790

＊価格は全て本体価表示です。